北方領土の基礎知識

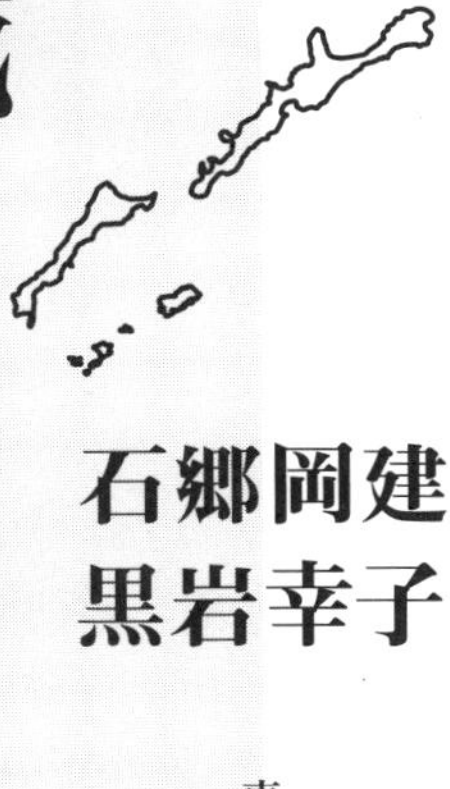

石郷岡建
黒岩幸子

東洋書店新社

まえがき

二〇一六年は、日ロ国交回復六十年の節目の年となりましたが、この間の日ソ・日ロ関係は、改善と悪化を繰り返し、目覚しい前進はありませんでした。両国の間にずっと横たわって、関係改善を阻害してきたのが北方領土問題でした。この問題について、どのような合意を結び、その合意をどう実現していくのか。未解決の時間が長いだけに、課題は複雑です。

ここに来て、日ロ関係に前進の機運が生まれています。半世紀以上にもわたる停滞の過去から抜け出すことができるのでしょうか。いまこそ、領土問題に個人として向き合うことが求められていると考え、本書を出版いたします。

第一部「論点整理　北方領土問題」では、未解決の状態があまりに長く続いたため見落とされやすい、北方領土問題の基本的な事実関係を簡潔にまとめ、問題を考えるための土台となる論点を示しました。

第二部「千島はだれのものか」では、戦後に発生した北方領土という政治問題に覆い隠されがちな、北方領土を含む千島列島に住んだ人々の姿に焦点を当て、島々の歴史をたどります。住民へ注目することは、政治的なレベルで領土問題が解決した後のことを考えるヒントとなるのではないでしょうか。

本書が、北方領土問題、また、千島という地域について、必要な知識と積極的な問題意識を持つ一助となれば幸いです。

二〇一六年十月

編集部

目次

まえがき……3

第一部　論点整理　北方領土問題

はじめに……8
第一章　そもそも北方領土とは……9
第二章　日ロの出会い、日露和親条約……12
第三章　樺太千島交換条約、ポーツマス条約……20
第四章　ヤルタ会談、ポツダム宣言……23
第五章　サンフランシスコ条約……29
第六章　日ソ国交回復、一九五六年日ソ共同宣言……36
第七章　ソ連崩壊、川奈秘密提案……45
第八章　国家の罠……53
第九章　プーチンのウィン・ウィン解決案、メドヴェージェフの国後訪問……61
おわりに……69

資料編……74

第二部　千島はだれのものか　先住民・日本人・ロシア人

はじめに……80

第一章　千島の先住民……84

国境のない千島／ロシア人のクリル進入／日本人の千島進入／千島列島の分断／アレウトの苦難／涙の島／千島先住民の消滅

第二章　千島の日本人……102

北千島の魂入れ／報効義会の第一次北千島移住／報効義会の第二次北千島移住／北洋漁業の前線基地／中千島の成立／南千島の日本人社会／戦争と千島占領／残留日本人の強制退去

第三章　千島のロシア人……118

千島のソビエト化／クリルの植民者と北方特典／噴火、地震、津波／ハボマイ群島の無人化／「一過性」の島々／クリルにとっての体制転換／日本人元島民の戦後／南クリル島民のジレンマ

おわりに……136

主要参考文献……141

第一部　論点整理　北方領土問題

はじめに

第二次世界大戦が終わってから半世紀以上が過ぎ、二十一世紀に入ったにもかかわらず、日ロ両国の間には未解決の問題が残っている。北方領土問題と呼ばれる日本の北の国境画定・領土帰属の問題である。今に至っても、日ロ双方の主張はかみ合わず、双方の国民のわだかまりからダイナミックな関係発展もできない理由となっている。

筆者は長年ロシアに住み、また、新聞社の特派員として、この問題を見続けてきた。とはいっても、なるべく関与せず、遠巻きに眺めていたというのが、実態かもしれない。というのも、領土問題というのは「労多くして、成果なし」というのが実情で、しかも、感情論に走ることが多く、まっとうな意見交換ができない。

ソ連崩壊後、ロシアでも、この領土問題をまともに取り上げるようになり、テレビの特集番組も放映されるようになった。そして、私はテレビ討論会に招かれたことがある。しかし、聴衆と私の立場は正反対で、百対一といった討論を繰り返し、まったく対話にならなかった。最後に、司会者は「この日本人はおかしなことを言っていますね」と締めくくった。徒労感とむなしさだけが残った。

領土問題となると、日ロ双方とも、相手の主張を聞くというよりは、相手側の弱点を探し、有利に議論を展開しようとするケースが多い。自分の都合のいい部分だけをとりあげ、一方的に議論を押し進めようとする。どちらが勝つか、負けるかという議論でもある。

その一方で、双方の議論を見ていると、肝心な事実や出来事が忘れられ、無視されていることが多い。半世紀以上も時間がたてば仕方がないのかもしれないが、政府やマスコミ関係者でさえ、事実関係の取り扱い方がずさんになってきたような印象を受ける。

そこで、あらためて基本的な事実だけでも確認する必要があるのではないかと思うようになった。領土問題は歴史、外交、法律、政治、社会、さらには心理・感情など多くの側面を持ち、その立場によって、さまざまな意見があり得る。それらをひとつにまとめるのは極めて難しい。このため、ここではいろいろな見解を紹介しながら、基本的な事実や最近のデータなどを確認したい。もっと詳しいことを知りたい人は、専門書や専門家の意見を参照してもらうという立場をとっている。つまり、初心者用のガイドで、領土問題を論じる際の土台となることを目指している。結論は意識的に避けている。

第一章　そもそも北方領土とは

現在も、日本とロシアの間で論争が続いている北方領土（つまり、北方四島）についての説明から始めたい。現在、日本政府は「北方領土」と呼んでいるが、これは呼称自体に「日本のものですよ」という主張が入っており、中立的な立場の言葉ではない。ロシア側は、もちろん、北方四島はロシアの領土であるとの主張に立つ。だから、「北方領土」という言葉は使わない。「南クリル諸島」と呼ぶ。

「クリル諸島」というのは、日本語では、「千島列島」のことであり、通常、北千島、南千島と分けられる（北千島、中千島、南千島と三つに分ける場合もある）。日本側研究者の中には、ロシアのクリル諸島の範囲は、歴史的に、北千島だけで、南千島は入っていないという主張もある。

もっとも、最近、日本側が執拗に「北方領土」と呼ぶため、ロシア側も、つられて「北方領土」と呼ぶこともある。また、ロシアの新聞では「いわゆる北方領土」という表記をする場合もある。それでも、公式には、この言葉はロシア側には存在せず、使わないことになっている。

その日本政府が主張する「北方領土」は歯舞（はぼまい）、色丹（しこたん）、国後（くなしり）、択捉（えとろふ）の四つの島からなっている。また、歯舞に関しては、実際は歯舞諸島が正しい呼称で、ひとつの島ではない。しかし、日本では歯舞諸島とは言わずに、歯舞と簡略化することが多い。

日本政府は、現在、歯舞と色丹は北海道の一部だと主張し、国後と択捉は北海道には属さないが、日本の領土であると説明する。これに対し、ロシア側は、四島すべてが、北海道には属せず、ロシア領のクリル諸島に属するという立場だ。これは、サンフランシスコ条約で、日本が放棄した「千島」はどこからどこまでかという微妙な問題に関わる（第五章で解説）。

意外と知られていないのが、この北方四島の大きさで、想像以上に面積がある。北方領土問題に関し、日本外務省が発行している『われらの北方領土・資料編』という小冊子があり、日本政府の主張を知るには便利な資料となっている。その小冊子によれば、この歯舞、色丹、国後、択捉の四島の面積合計は五千三十二平方キロで、千葉県の五千百五十七平方キロに匹敵する。沖縄本島は千二百八平方キロとされ、北方四島は沖縄本島の四倍強の広さを持つということになる。

ただし、日本政府が北海道の一部と主張している歯舞と色丹の二島はあわせて三百五十平方キロしかなく、残りの国後と択捉の二島の計四千六百八十二平方キロと比べると、圧倒的に小さい。ロシア側は

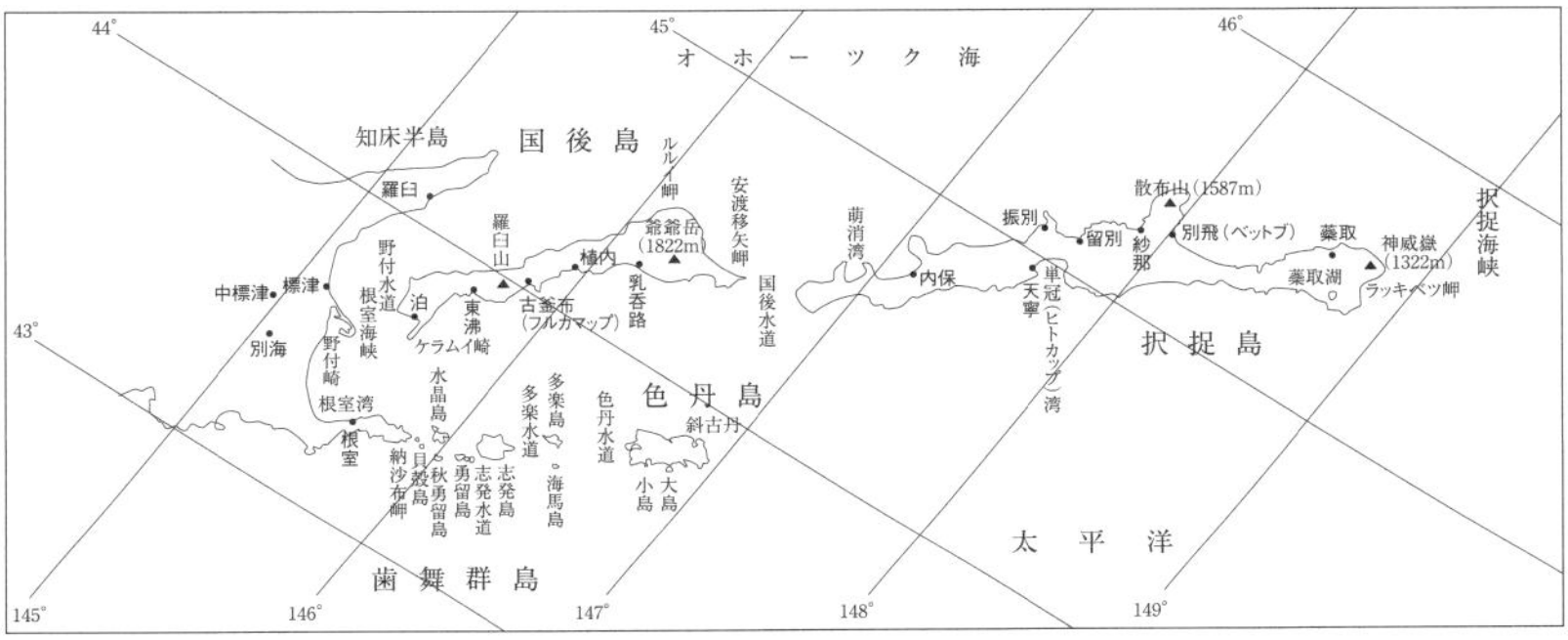

図１（日本外務省発行の『われらの北方領土2009年版』より）

歯舞と色丹は日本側に引き渡してもいいとの立場を示したことがあるが（一九五六年日ソ共同宣言）、北方四島全体の七％ほどしかなく、残りの国後と択捉の二島の方が圧倒的に大きいということになる。

千島列島の範囲がどこまでかという微妙な問題は、さておいて、北海道からカムチャツカ半島までの約千二百キロには大小五十以上の島が存在する。地質学的には火山活動から形成された島がほとんど。現在も六十八の火山が存在し、うち三十六が活動中で、もっとも高い山はアトラソワ島（阿頼度島）のアライド山（阿頼度富士、二千三百三十九メートル）である。また、環太平洋地震帯の一部をなしており、地震が多数発生する地域でもある。

千島列島の西側はオホーツク海で、東側が太平洋。太平洋側沿いに、千島海流（親潮）と日本海流（黒潮）の寒流と暖流のふたつがぶつかり、漁業資源の宝庫である。気候は厳しく、北と南ではかなりの差がある。気温は最高三十度からマイナス十五度まで、夏冬の温度差は大きい。冬はオホーツク海側が結氷し、春から夏にかけては海霧が発生する。また、ロシアにとっては、太平洋への出口としての軍事・戦略的重要性を持つ。

火山と森林、草原、海岸が混在し、キタキツネ、ヒグマ、クロテン、オットセイ、アシカ、アザラシ、トド、ラッコなどさまざまな動物が生存する。特に、ラッコ、アザラシは毛皮目当てに乱獲され、絶滅寸前までいったとされる。国後と択捉では、動物相の違いがあり、「八田ライン」と呼ばれる北海道とサハリンを分ける境界線が通っているとの学説もある。植物相では、エゾマツ、トドマツが択捉島には分布しているが、ウルップ島以北には存在しないということから、択捉島とウルップ島の間には植物分布の境界線（「宮部ライン」）が存在するという学説もある。東亜温帯と亜寒帯の境界線でもあり、「宮部ライン」が日本北部植物帯の北限とされ、日本の「固有の領土論」の根拠のひとつにもなっている。

現在、ロシア施政下の千島列島には、二つの都市（セヴェロクリリスク、クリリスク）と十六の村落があり、約一万八千七百人が住んでいる（二〇一〇年統計）。その大半は歯舞、色丹、国後、択捉、ウルップ島の千島南部地域に住んでおり、北部ではカムチャツカ半島に近いパラムシル島、シュムシュ島、オンネコタン島の三島だけで、あとは無人島と言われる。日本人は戦前、約一万七千人が定住していたが、季節労働者や千島警備の第九十一師団の兵士を加えると、この数倍の数になる。戦後、ほぼ全員が追放され、現在は、一人もいないとされる。

第二章　日ロの出会い、日露和親条約

それでは、一体、北方領土を含む千島地域に、日本人およびロシア人が住み着いたのは、いつごろなのだろうか？　実は、この地域には、アイヌ民族を始め、さまざまな北方民族が住んでいた。紀元前の

はるか昔から人々が住んでいたという研究もある。ある意味では、千島の本来の住民は日本人でも、ロシア人でもないといえる。その一方で、先住北方民族の実態や歴史は、あまり分かっていない。通称、アイヌと呼ばれる先住民についても、古くは東日本から北海道、サハリン（樺太）、千島など広範な地域に住んでいた。その祖先はシベリアのバイカル湖周辺にいた民族にさかのぼるともいわれる。ただ、アイヌといわれる人々も、北海道と千島では、微妙に違うという主張もあり、国家や領土の概念がはっきりしない時代の民族とは何か、という難しい問題にぶつかる。北方領土問題を議論する場合には、この地域には、今は忘れ去られている、日本人でもロシア人でもない北方民族が住んでいたということだけは、頭に置いておくべきかもしれない。日本とロシアとアイヌと、三つの民族のぶつかり合いについては、渡辺京二の『黒船前夜』が詳しい。

では、日本とロシアのどちらが先に千島地域に現れたか？　この論争は、多分、双方に主張があり、水掛け論になる可能性が強い。ロシア側の見解では、千島について書かれたロシア側の最初の文献は一六四六年のもので、コサック（ロシア辺境地に展開していた特殊な軍事・住民組織集団）のモスコヴィティン隊長に率いられた探検隊のメンバー・コロボフの探検記とされる。コロボフは「アイヌは、その髭面の様相が自分たちに似ているとし、ロシア人を『兄弟たち』と呼んでいる」と記した。ただし、コロボフ自身が千島まで行ったかどうかは不明だ。

日本側の文献では、一六四四年の江戸幕府に提出された「正保御国絵図」に千島が描かれていると主張される。そして、一七〇〇年には、北海道の函館周辺を支配していた松前藩が、千島列島を含む蝦夷地の地名を記した「松前島郷帳」を江戸幕府に提出したとされる。

しかし、どちらも、実際には千島全域の実地調査をしたわけではなく、アイヌからの間接情報を記した程度と見られている。千島全体の概要をつかんでいたとは言い難い。「正保御国絵図」に描かれた千島も、南千島地域が中心で、各島の大きさや位置関係には誤りが多い。千島列島全体が日本の一部、もしくは幕府の統治下にあったと考えていたかどうかも微妙である。

また、当時の江戸幕府が欧米型近代国家意識を持って、千島問題を考えていたかどうかは疑問であり、現在の国家観や領土意識から議論すると、日ロ双方がかみ合わなくなる可能性が高い。結局、日本とロシアの双方が、同じころに、この地域に現れ、ぶつかり合った（巡り合った？）というのが正しい理解に思える。

そして、両国の動きの背景には、シベリアから太平洋へと進出し、領土を拡大するロシアと、外へ膨張するよりも、ひたすら鎖国政策に従って、日本列島の中に閉じこもり、守りの姿勢にあった日本との根本的な世界観・国家観の違いがあった。日本が千島に関心を示したのも、ロシアの南下という事実に対応せざるを得なくなったからであり、北へ向かって国家領土を拡張し、確認するという意志はあまり強くなかったように思える。

では、ロシアは、なぜ極東地域に進出してきたのか？　その答えは毛皮であり、当時、欧州ではロシアの毛皮が飛ぶように売れ、その毛皮を求めて、ロシア人たちは東へ東へとフロンティアを開拓していったとされる。この東への進出の口火を切ったのはドン川流域出身のコサック隊長エルマーク（実態は、ヴォルガ川の船舶を襲う略奪勢力の首領だったといわれる）で、富豪だったストローガノフ家の支援を得て、シベリア遠征を一五七九年頃に開始したとされる。その後、コサック部隊は次々とシベリア遠征を行い、一六三九年には太平洋岸に到達している。一六四八年にはオホーツク砦が建設され、一六九七年カムチャツカ半島への遠征が行われ、一七一一年千島への南下を始めている。猛スピードで日本へ近づいてきたといえる。

これに対し、日本では、オランダの文献などを通じ、ロシアの動向を知り、警戒感を強めていたが、千島の全面支配には、ほど遠い状態にあった。それどころか、松前藩は北海道アイヌの反乱にてこずっていた。

一七三九年シュパンベルグ率いるロシア遠征隊が南下し、仙台沖に停泊し、日本側との接触を行った。これ以降、日本とロシアの接触は盛んになっていくのだが、基本的には貿易を求めるロシアと、それを拒否する日本というすれ違いの交流であった。

しかし、江戸幕府はロシア船の南下をきっかけに、北方領域への不安と警戒を強め、実地調査を始める。一七八五年、江戸幕府は蝦夷地へ調査隊を派遣する。この探検隊に加わっていた最上徳内は択捉島へ渡り、三人のロシア人に会ったとされる。当時、松前藩の勢力は国後島までは及んでいたが、択捉島には達しておらず、日本人として、初めての択捉島訪問だったとされる。

当時の状況を見ると、毛皮（特にラッコ）を求めて、ロシア人がどんどん南下しており、活動範囲はウルップ、択捉、国後島まで及んでいたようだ。とはいっても、ロシア国家としての支配というよりは、探検家や毛皮でひと儲けという人々がさまざまな理由で押し寄せてきたというのが真実に近いように思える。そして、千島の気候環境は厳しく、寒さに強いロシア人でさえ、容易には定住できなかったのが実態だった。

どちらが、先に北方領土周辺にたどり着いたかという議論も、双方にそれなりの主張と根拠があり、これも水掛け論に終わる可能性が強い。ともあれ、十八世紀末に、日ロ双方の国家と国民が、現在の北方領土周辺で歴史的な巡り合いをしたとは言えるようである。

作家の司馬遼太郎は、小説『菜の花の沖』のなかで、日ロの巡り合いについて、毛皮を求めて南下したロシア人は日本人に毛皮を売ろうとした。逆に、日本人はロシア人に米を売ろうとした。日ロは初めから相手の考え方を理解していなかったとし、当初から認識のギャップが存在したと書いた。現在に至る日ロ関係の思惑や理解の食い違いの原点を見るようで、面白い指摘だとは思う。もっとも、上述の渡辺京二によれば、千島に渡ってきたロシア人たちはアイヌ人を通じ、米をもらい、代わりに、ラッコの毛皮を日本人に与えているとしており、司馬遼太郎の指摘とは異なっている。

千島への意図的な訪問や移住以外に、自然災害などで日本船の乗組員たちがカムチャツカ半島などに漂着し、ロシアへ入国しているケースもある。記録に残る最初の日本人は、デンベイ（伝兵衛）とされ、アトラーソフらのカムチャツカ探検隊（一六九七年）が、原住民にとらわれているデンベイを発見し、身柄を引き取り、一七〇二年にはピョートル大帝に謁見させている。その後、サニマ（三右衛門？）、ソーザ（宗蔵）とゴンザ（権蔵）、大黒屋光太夫、高田屋嘉兵衛など、様々な人物がロシア側と接触し、ロシアにわたっている。特に、大黒屋光太夫と高田屋嘉兵衛の二人に関しては、小説や映画にもなり、さまざまな解釈や物語が描かれている。

日ロ領土交渉という観点から見ると、高田屋嘉兵衛とゴロヴニンの二人の交流関係が、なかでも大きな示唆を与えるものになっている。日ロの歴史の中でも、まれにみる信頼感と理解があった希有な交流のケースだったといえるかもしれない。司馬遼太郎の『菜の花の沖』には、二人の友情について詳しく書かれており、日ロの巡り合いは、必ずしも、衝突や対決ばかりではなかったと納得することにもなる。

日本とロシアの最初の条約は、一八五五年の日露和親条約（日魯通好条約）で、択捉島とウルップ島の間に、国境が引かれることになる。伊豆半島の下田で調印されたことから、下田条約とも呼ばれる。この交渉を担当したのが、日本側が筒井肥前守政憲（つついひぜんのかみまさのり）と川路左衛門尉聖謨（かわじさえもんのじょうとしあきら）の二人で、ロシア側はエフィム・プチャーチン提督だった。

プチャーチン提督は一八五二年五月、皇帝ニコライ一世の訓令を受け、日本との通商条約を結ぶために、日本に向けて出発した。背景には、米国のペリー提督率いる艦隊が日本の開国を求めて、日本へ向かったとの情報が伝わり、ロシアも遅れてはならないとの判断があったとされる。

しかし、プチャーチンの艦隊は、旗艦「パルラダ」号の故障個所が見つかるなど出発に手間取った。プチャーチンらの一行が、長崎に到着したのは一八五三年八月だった。ペリー提督の浦賀到着から約一か月遅れの日本到着となった。その後、約二年間にわたる五回の交渉が行われ、日露和親条約の締結にたどり着く。第二回交渉直後には「安政の大地震」に遭遇し、下田沖に停泊していたロシア艦隊は大損害を受け、ディアナ号が沈没するという事件も起きている。

実は、日本との交渉に臨んだプチャーチン提督は、ロシア出発前に、ニコライ一世からの国境問題に関する訓令を受け取っていた。

内容は次の通り。

「国境問題に関するわれわれの要望は、（我々の利益を損なわない範囲で）可能な限り寛大なものであるべきである。なぜなら、通商上の利益というもう一つ目的の達成こそが、我々にとり真の重要性を持つからである。クリル諸島のうち、ロシアに属する最南端はウルップ島であり、同島をロシア領の南方における終点と述べて構わない。これにより（今日すでに事実上そうであるように）我が方は同島の南端が日本との国境となり、日本側は択捉島の北端が国境となる」

つまり、ニコライ一世は、択捉とウルップ島の間を日ロ間の国境として、合意をせよとの訓令を行っていた。北方四島は日本の領土でよいとの見解でもある。これが、のちに日本側が主張する「固有の領土論」の根拠となっていく。

紆余曲折をへて、一八五五年二月七日（安政元年十二月二十一日）、日ロ双方の代表は日露和親条約を調印した。領土問題に関する合意が書かれた第二条は次の通り。

「今より後、日本国と魯西亜国との境は、エトロプ島とウルップ島の間にあるべし、エトロプ全島は日本に属し、ウルップ島夫《それ》より北の方クリル諸島は魯西亜に属す、カラフト島に至りては日本国と魯西亜国との間に於いて界を分たず是迄仕来《これまでのしきたり》の通《とおり》たるべし、——」

つまり、日ロの境界線は択捉島とウルップ島であり、樺太（現サハリン）については境界を設けず、従来通り、どちらの領有とも決めず、混住とする内容である。ほぼ、ニコライ一世の訓令通りの合意となった（図2参照）。

のちに、日本の研究者の間では、この第二条の解釈で大きな議論が持ち上がることになる。それは国境線の問題ではなく、千島の範囲を巡る解釈の問題だった。

第二条には、「ウルップ島夫《それ》より北の方クリル諸島は魯西亜に属す」という表現がある。文字通り解

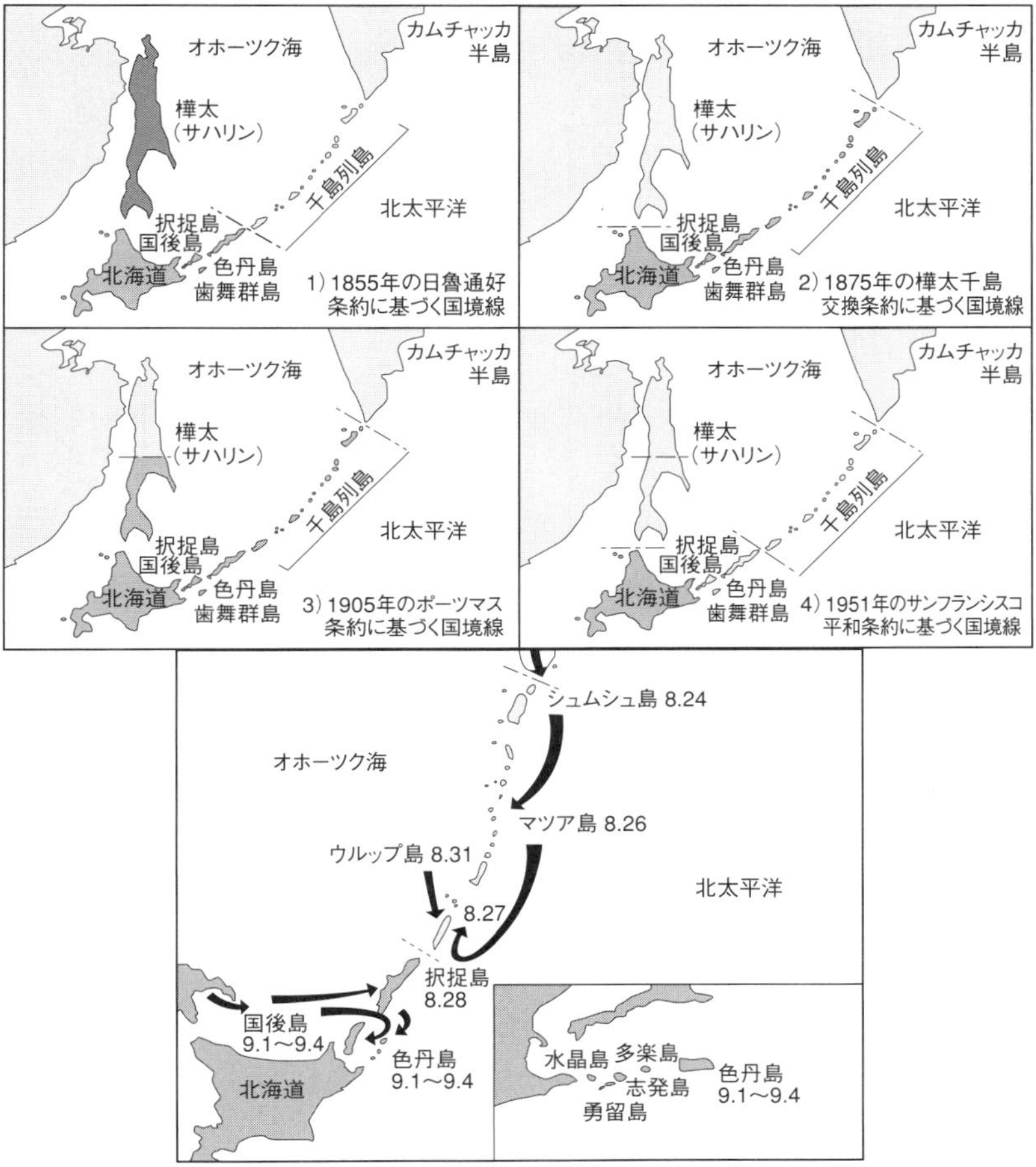

日付は武装解除の行われた日を示す

図2（日本外務省発行の『われらの北方領土 2009年）版』より

釈すると、「それより北の方クリル諸島」という表現は、ロシア側がウルップ島から北をクリル諸島と考えていたということになる。つまり、北方四島はクリル諸島の範囲には入っていなかったとの結論になる。このことは、第二次大戦後、日本が放棄した「千島列島」というのは、「クリル諸島」のことで、北方四島は入らないとの日本政府の主張の根拠にもなった。

これに対し、言語学者の村山七郎は条約調印の際に作られた日本語、漢語、オランダ語の三つの条約文書を比較し、漢語とオランダ語では「ウルップ島およびその他の北にあるクリル諸島」と書かれており、「およびその他」の字句が日本語文では欠如していたことを発見する。そして、条約の正文はオランダ語であり、日本政府の解釈は間違っていると指摘した。この問題は、なお完全に決着がついたわけではなく、クリル諸島の範囲については、まだ論争が続いている。日本政府は、第二次大戦後、日本が放棄した千島の一部に北方四島は入っていないとの立場を崩してはいない。

第三章　樺太千島交換条約、ポーツマス条約

日露和親条約で、決着がつかなかった樺太の領土権に関しては、徳川幕府体制が崩れた明治維新後の交渉になる。日本政府は榎本武揚（えのもとたけあき）特命全権大使をロシアの首都サンクト・ペテルブルグに派遣した。その際の政府の訓令は、ウルップ島よりカムチャツカ半島までのロシア領有の島々と日本が主張する樺太の南半分を交換するとの内容だった。そして、日ロ双方は千島と樺太（サハリン）をそれぞれ全面領有することで、領土問題に決着をつけた。一八七五年五月二日、いわゆる「樺太千島交換条約」が調印された（図２参照）。署名は日本側が榎本武揚で、ロシア側はアレクサンドル・ゴルチャコフ外相だった。

この条約の締結については、日ロ双方の国内で不満が沸き起こったとされる。日本側は、「政治・経

済上大きな価値がある樺太を千島のとるにたらない小さな島々と交換した」との不満であり、ロシア側は「千島全体が日本側に引き渡され、ロシアはオホーツク海への出口をふさがれ、多大な損失を被った」という批判だった。両国の不満やわだかまりは、日露戦争へと持ち込まれ、さらに戦争終了後のポーツマス条約交渉にも影響を与えていくことになる。

また、条約の正文はフランス語だったが、日本語訳の日本政府公式発表文とは微妙に異なっていた。このことがクリル諸島の範囲に関する問題に議論を加えることにもなる。

日ロ間の三つ目の条約となるポーツマス条約（日ロ講和条約）の調印は一九〇五年九月五日、米国東海岸ポーツマス近郊の海軍造船所で行われた。日本の代表は小村寿太郎外相で、ロシア側はセルゲイ・ウィッテ全権代表（元蔵相）だった。米国のセオドア・ルーズベルト大統領が日ロ交渉の仲介役を務めた。

日清戦争（一八九四～九五年）、日露戦争（一九〇四～〇五年）の二つの戦争の結果を受けての日ロ交渉である。背景には近代化の遅れから弱体化する清国に、北からロシアが、南から日本が進出し、双方が勢力圏を巡って衝突し、とどのつまり、戦争になったという構図があった。ということで、ポーツマス条約交渉の主題は必ずしも領土問題ではなかった。そして、日本側は日露戦争に形の上では勝利したが、これ以上戦争を続ける力はなかった。一方のロシア皇帝は戦争継続も決意していたとされる。しかし、ロシア国内では、不穏な空気が立ち込めており、一九一七年のロシア革命は目前の状況にあった。

日本政府は、ロシアとの講和条約の「絶対条件」として、①日本側による韓国の自由な裁量②満州からのロシア軍の撤退③遼東半島の租借とハルビン＝旅順間の鉄道の譲与――の三項目を掲げ、小村外相に訓令していた。樺太（サハリン）の割譲は、「比較的必要条件」と分類され、一ランク下の扱いだった。つまり、日本側の当初目標では、樺太割譲問題は第二義的な位置を占めていたのである。

これに対し、ロシア側の「絶対に受け入れられない条件」は、①ロシアの領土割譲②賠償金の支払い③ウラジオストクの武装解除④ウラジオストクに通ずる鉄道の割譲――だったとされる。そして、樺太割譲と賠償金問題に関しては、強硬な態度のロシア皇帝ニコライ二世と穏健姿勢のウィッテ全権代表の間には見解の相違もあったとされる。

結局、ウィッテ全権代表は賠償金を支払わないが、サハリンの南半分は割譲するとの決意を固め、日本側との合意に達する。

講和条約では、①日本側の朝鮮半島の利害承認②満州からの撤兵③旅順・大連の租借権の譲渡④南満州鉄道の権利の譲渡⑤樺太（サハリン）の北緯五十度以南の譲与――などが合意された。日本側は当初の講和絶対条件をほぼ獲得し、さらに樺太の南半分を手に入れることになる。しかし、この決着は、日本では屈辱的な講和との声が巻き起こり、日比谷焼打ち事件（一九〇五年）などの騒ぎに発展した。

一方、ロシアでは、国内情勢の緊迫化で、講和条約については、さほど関心はなかったという。ココフツォフ蔵相は「政府部内でも世論でも、講話条約締結は何となく気づかれずにすぎた」と回想録に記している。しかし、ポーツマス条約は、のちに、スターリンから「(日本が) 暴力と貪欲によって略取した」（一九四三年カイロ宣言の表現）との扱いを受けることになる。それが、戦後の北方領土問題の基礎になっていく。

第四章　ヤルタ会談、ポツダム宣言

日露戦争をきっかけに結ばれたポーツマス条約で、日ロ間の国境及び領土問題は一応決着した形となった。その後成立したソヴィエト政権との間でも、日ソ基本条約が結ばれ、ポーツマス条約の効力は確認され、維持された。

次の大きな変化は第二次世界大戦で、これをきっかけに、ソ連は日本が領有していた樺太（サハリン）の南半分と千島列島全域を軍事占領し、ソ連の領土とする。敗戦国の日本は、このソ連の行動を阻止することができず、連合国との平和条約であるサンフランシスコ条約で、千島列島の全面放棄を受け入れることになる。今に続く、「北方領土問題」の始まりである。

そして、この「北方領土問題」の出現の原点は、第二次大戦を戦った連合国のリーダー、米英ソの三国首脳によるヤルタ会談とされる。会談は一九四五年二月四日から十一日までの八日間、ソ連のクリミア半島の保養地ヤルタのリヴァディア宮殿で行われた。参加者はルーズベルト米大統領、チャーチル英首相、スターリン・ソ連首相の三人だった。会談では、ドイツおよび日本との戦争終結後の戦後処理問題から戦後の世界秩序の構築まで、幅広い問題が話し合われた。

しかし、実態は米英ソ三国による戦後の世界分割であり、日本の領土問題も、ルーズベルトとスターリンの間の密約で決まった。このヤルタ会談については、さまざま文献が残っており、いろいろな解釈もされている。会談後の記念撮影写真は、世界各国の歴史教科書にも使われている。ＮＨＫのドキュメンタリー・シリーズ「映像の世紀」第七集「勝者の世界分割――東西の冷戦はヤルタ会談から始まった」は、当時の実情をわかりやすく描いている。

日本の領土問題については、五日目の二月八日午後三時半から、ルーズベルト大統領の執務室で、チャーチル英首相抜きの米ソの首脳間で行われた。まず、第二次大戦の戦況についての意見交換があり、その後、ルーズベルト大統領はソ連軍の対日参戦を求め、ソ連が樺太（サハリン）の南半分および千島諸島を領有することについては、米側には異議がないとの立場を説明した。樺太南部と千島のソ連領有を認める代わりに、ソ連は対日参戦を行うという取引だった。事実上の樺太千島交換条約の全面的な破棄でもある。

これに対し、スターリンは、「なぜ大きな紛争を抱えてもいない日本を敵として、ソ連が戦争しなければならないのでしょうか、（国民は）理解できないでしょう」と答え、さらに、「政治的条件が満たされるのならば、国民は対日戦争を国家利益に関わることなのだと納得するでしょう」と述べた。

スターリンはソ連の東アジア地域の権益を拡大するためにも、対日戦争は必要との考えにあったが、「なぜ対日戦争が必要なのか」と疑問を投げかけながら、取引の「価格」を引き上げようとしたのである。

これに対し、ルーズベルト大統領は、即座にスターリンの要求を呑み、会談はわずか三十分間で終わったとされる。会談後、ルーズベルト大統領は「日本との本土決戦に関わる米兵士の損害を考えるのならば、安い買い物だった」と、側近に語ったと伝えられている。

結局、①ドイツ降伏後二～三か月以内にソ連は日本に対して参戦する②樺太（サハリン）の南半分をソ連に返還する③千島列島をソ連に引き渡す④モンゴルの現状を維持する⑤満州の鉄道・港湾の権益を保証する——などの密約を双方は取り交した。日本政府は、この密約の内容を知らず、最後まで、ソ連政府に対し、米国との和平工作を依頼し続け、情報戦では米ソに完全に出し抜かれていた。

ドイツは一九四五年五月八日連合軍に無条件降伏し、翌九日ソ連軍にも降伏した。その三か月後の八月九日、ソ連軍は日本に宣戦布告し、満州、樺太方面へ進軍し、次々と占領していった。日本は無条件降伏を受け入れ（ポツダム宣言受諾）、昭和天皇の「終戦の詔書」が八月十五日、ラジオを通じ、全国に読み上げられた。しかし、千島列島では、その後も日ソ間の戦闘が続き、千島北端のシュムシュ（占守）島では二千五百〜三千五百人の死傷者がでた。この戦闘で、ソ連軍の千島列島占領作戦は大幅に遅れた。択捉の占領は八月二十八日、国後と色丹が九月一日で、歯舞は九月五日だったとされる。ちなみに、日本政府の重光葵外相が東京湾の米戦艦ミズーリー号上で、降伏文書に署名したのは九月二日（のちにロシアの第二次大戦終了記念日）で、歯舞はそのあとに占領したことになる。

ソ連軍は留萌と根室を結ぶ線を境とする「北海道東部占領作戦」を準備していたといわれるが、シュムシュ島の戦闘激化により、千島南下作戦が大幅に遅れ、実行できなかったという。もし、北海道占領作戦が実施されていれば、戦後の領土問題は、さらに複雑なものになっていたと思われる。

ヤルタ会談の密約によるソ連の対日参戦と樺太・千島の占領については、日本側からの大きな批判がある。

まず、一九四五年当時、日本とソ連の間には、日ソ中立条約が結ばれており、ソ連軍の軍事攻撃開始は国際法の違反であり、外交信義に反するとの主張である。日ソ中立条約は一九四一年四月十三日に署名されており、有効期限は五年。また、条約の破棄は期間満了の一年前に通告せねばならないとされていた。ソ連側は、ドイツ降伏を目前に控えた一九四五年四月五日、同条約の破棄を通告したが、日本側は四六年四月五日までは、中立条約は有効であり、軍事行動はあり得ないとの立場だった。

これに対し、ロシア側は、「中立条約はドイツがソ連に対し攻撃を始める前、さらに、日本が米英との戦争を始める前に締結されたものである。その後、状況は根本的に変化した。〈中略〉このような状況においては、日ソ中立条約の意味は失われ、条約の延長は不可能になった」（ソ連政府声明、一九四五年四月五日）という説明をする。

ロシア側研究者に、非公式に、このことを問い詰めたことがある。すると、「ソ連は米英の密約に従って、三か月後に、あなた方（日本）と戦争しますなんて、ばかげた通告を日本側にできるかい？　日ソ中立条約とヤルタ合意は矛盾しており、米英はそれを百も承知だ。そして、ソ連は日ソ中立条約よりも、米英とのヤルタ合意を尊重したということさ」と答えたものだった。現在も、日ソ中立条約問題を持ち出すと、ロシア側は無視するか、肩をすぼめるのが普通である。

もうひとつの日本側からの批判は、大西洋憲章（英米共同宣言）に関わるもので、戦後の「領土不拡大宣言」である。ルーズベルト米大統領とチャーチル英首相は一九四一年八月九日から十二日にかけて、大西洋上で、首脳会談を行い、第二次大戦後の世界秩序について話し合いを行っていた。日米開戦の四か月前のことである。

両首脳は八項目の原則を世界に発表し、ソ連のスターリン首相も、これに合意したとされる。その第一条が領土拡大の否定であり、第二条は領土変更における当該国の人々の意思の尊重である。つまり、第二次大戦の終了後、米英を中心とする連合国は領土拡大をせず、領土の割譲も求めないとしたのである。

この領土不拡大の原則は、大西洋憲章のあとの米英中三国のカイロ宣言（一九四三年）でも引き継がれ、「領土の拡張の何らの念をも有することはない」とはっきり明記された。

しかし、二年後の米英ソのヤルタ合意（一九四五年）では、この領土不拡大条項は一切言及されなかった。代わりに、第三条に「千島列島はソ連に引き渡される」と、千島列島のソ連への引き渡しを認めた。その理由についての説明がないまま、合意内容だけが明記された。日本側からすれば、これは領土不拡大の原則に反するとの批判になる。

実は、カイロ宣言では、領土不拡大の原則以外に、「日本国は、暴力および貪欲により、日本国が奪取した他の一切の地域より、駆逐されるべきである」と書かれてあり、日本国が暴力や占領など、不当な手段で入手した領土は取り上げられるべきだと宣言していた。千島列島を不当な手段で奪取したかどうかについては、日本側には反論がある。しかし、ソ連は第二次大戦後の北方領土を含む北方地域の占領および領有の根拠を、この「暴力および貪欲により、奪取した」という字句に求める傾向が強い。

ヤルタ会談のあと、ルーズベルト米大統領が死去し、かわりにトルーマン副大統領が大統領に昇格する。トルーマンは敬虔なキリスト教徒であり、無神論を唱えるソ連に対しては、あまりいい感情を持っていなかった。ソ連側から見れば、反共主義者となる。そして、トルーマン新大統領は、ヤルタ会談の内容を知り、ソ連との密約に愕然とする。以後、ヤルタ会談の合意については、距離を置き、冷ややかな態度をとったとされる。それでも、合意内容を公然と破棄することはしなかった。

ドイツ降伏後の一九四五年七月十七日から八月二日かけて、トルーマン、チャーチル、スターリンの米英ソの三首脳はベルリン郊外のポツダムに集まり、第二次大戦の戦後処理と日本の終戦について話し合った。いわゆるポツダム会談である。この会談直前に、トルーマンの手元には、原爆実験の成功の知らせが入った。もはや、日本の終戦に向けて、ソ連の手助けを必要としない状況になっていた。米英とソ連の間には隙間風が吹き始め、冷戦の到来を予兆する会談ともなった。

会談期間中に、ポツダム会談の合意事項として、ポツダム宣言が発表される。ソ連は日本との間に中立条約を結んでいることから、宣言の発表には入らなかった。会議には参加していなかった中華民国の蒋介石は無線で合意内容を了承し、米英中の「三国首脳共同宣言」として発表された。

宣言は第八条で「カイロ宣言の条項は履行されるべき。また、日本国の主権は本州、北海道、九州および四国ならびに我らの決定する諸小島に限られるべきである」と書かれてあった。さらに、日本軍の無条件降伏を要求していた。

このポツダム宣言の受諾が第二次大戦の終戦となり、さらに、その内容は連合国との講和条約であるサンフランシスコ条約に引き継がれることになる。日本の領土の範囲は本州など主要四島と「我ら（連合国）の決定する諸小島」になり、サンフランシスコ条約では「千島列島の放棄」と明記される。敗戦国日本は、この連合国の決定に異論をはさむ権利はなかった。戦後の主権国家日本のあり方は日本抜きに決定されたのだった。

第五章　サンフランシスコ条約

第二次世界大戦の終了を受けて、日本と連合国の間で戦争終結を確認する会議が一九五一年九月八日、米国のサンフランシスコで開かれた。サンフランシスコ講和会議で、そこで締結されたのがサンフランシスコ条約である。五十二か国の代表が参加したが、インドは参加せず、中国については、中華人民共和国を承認していた英国と、中華民国を承認していた米国が対立し、結局、どちらも招請されなかった。韓国は、日本政府が「韓国とは戦争状態にはなかった」と反対し、英米もこれに同調する形となり、署名国にはならなかった。社会主義圏の国々も中華人民共和国の不参加を理由に不参加だった。ソ連、ポーランド、チェコスロヴァキアは会議には参加したが、条約には署名しなかった。

サンフランシスコ会議は朝鮮戦争が勃発した翌年に開かれており、米ソの東西対決を色濃く反映していた。そして、日本国内でも、単独講和派（米英を中心としたサンフランシスコ講和の承認）と全面講和派（ソ連など社会主義圏を含めた全面講和の支持）の激しい対立と論争を引き起こした。この二つの対立の背景には、資本主義VS社会主義というイデオロギー論争があり、さらに、日米同盟重視路線VSアジア重視の自主独立路線という国家の在り方に関する論争があった。そして、この二つの対立の流れは戦後の政治・外交・経済政策に大きな影響を与え、現在にも続く問題となっている。北方領土問題に対する立場も、この二つの流れが微妙に交差することになる。

当時、自由党総裁で、外務省の英米スクール（英米との関係を最重要視する外務省主流派）出身だった吉田茂首相は、戦後の日本の生きる道は英米との協調路線であると主張し、米ソの二大対立の状況では、米国の側に立つべきであるとのはっきりとした外交路線を推進した。戦後の日本の行方を決めた政治決定であり、「吉田ドクトリン」とも呼ばれる。講和にあたっては、社会主義圏抜きの単独講和で十分であるとの立場であり、全面講和を主張した南原繁・東大総長を「曲学阿世の徒」（真理を曲げ、世間におもねる人）と呼び捨て、大きな話題になった。

冷戦対立が深刻化し、騒然とした状況の中でのサンフランシスコ会議だったが、条約内容は日本の領土問題だけではなく、アジア・太平洋地域の全域にわたる戦後秩序の構築を目指していた。日本の領土削減ばかりでなく、朝鮮の分断・独立のほか、尖閣列島、竹島、さらには、西沙群島など戦後の諸問題の多くを含んでいた。ひとことでいえば、第二次大戦後、日本が領土もしくは勢力圏を放棄・縮小するなかで、空白となった地域をどうするかが、決められた会議だった。

とはいっても、事実上、サンフランシスコ条約の内容を決めたのは米国を中心とした西側諸国で、米国の世界戦略が大きく投影されていた。そして、冷戦状況の急速な悪化や英米の路線対立など複雑な構図が持ち込まれ、時間とともに、条約作成は変化していったのが実態だった。誰もが満足して調印したわけではなく、さらに対立や思惑が交差し、あいまいなままにされた部分は多かった。

その典型が北方領土で、日本は千島を放棄することになるが、その千島の範囲は明確でなく、また放棄された千島は誰が領有するのかも、不明のまま締結された。帰属先を明記しない解決は、千島だけでなく、アジア・太平洋地域のあちこちに持ち込まれ、それがのちの紛争へと発展することになる。そして、吉田茂首相はサンフランシスコ会議終了後に日米安保条約に署名し、その後の日本の外交路線を決定づけた。

サンフランシスコ条約は、全文二十六条で、「第一章平和」第一条で、日本と連合国との間の戦争終了を宣言した。「第二章領域」第二条では、日本の領土を定めた。第二条は(a)から(f)まで六項目が列記されており、北方領土関連は第二条の(c)にあたる。その内容は次の通り。

「日本国は、千島列島並びに日本国が一九〇五年九月五日のポーツマス条約の結果として主権を獲得した樺太の一部およびこれに隣接する諸島のすべての権利、権原および請求権を放棄する」

条約を見る限り、日本は千島列島および樺太（サハリン）を放棄し、今後も請求権を持たないということになる。

サンフランシスコ会議に参加した吉田茂代表は次のような演説を行っている。

「千島列島および南樺太の地域は、日本が侵略によって奪取したものだったとのソ連全権の主張は承服いたしかねます。

日本開国の当時、千島南部の二島、択捉、国後両島が日本領であることについては、帝政ロシアはなんら異議をはさまなかったのであります。ただウルップ島以北の北千島諸島と樺太南部は、当時日ロ両国人の混住の地でありました。

一八七五年五月七日、日ロ両国は平和的な外交交渉を通じて樺太南部は露領とし、その代償として北千島諸島は、日本領とすることで話し合いをつけたのであります。名は代償でありますが、事実は樺太南部を譲渡して交渉の妥結を計ったのであります。その後樺太南部は一九〇五年九月五日ルーズベルト・アメリカ合衆国大統領の仲介によって結ばれたポーツマス条約で日本領となったのであります。

千島列島および樺太南部は、日本降伏直後の一九四五年九月二十日一方的にソ連領に収用されたのであります。

また、日本の本土たる北海道の一部を構成する色丹島および歯舞諸島も終戦当時たまたま日本兵営が存在したために、ソ連軍に占領されたのであります」

吉田首相は、千島列島は日本が侵略によって奪取したものではなく、樺太南部と交渉を通じて交換したものであると主張。さらに、樺太南部はポーツマス条約によって日本のものになったと説明した。また、国後・択捉は帝政ロシア時代に日本領になっており（日露和親条約の意味）、ソ連側もこれを認めている。歯舞・色丹については、もともと北海道の一部であると主張している。

つまり、吉田首相は、北方四島が帝政ロシア時代から日本のものであったとの「固有の領土」論を展開した。ただし、国後・択捉の二島は「千島の南部」と表現し、歯舞・色丹の二島は北海道の一部で、双方の性格は違うと説明している。サンフランシスコ条約では、日本は千島放棄を約束しており、吉田首相の演説を文字通り解釈すると、国後・択捉の二島は千島の一部なので放棄となり、歯舞・色丹の二島は北海道の一部で放棄しない、という「二島返還論」が結論のように思える。

事実、当時の日本政府の考え方は「二島返還論」が主流であり、サンフランシスコ会議後開かれた国会では、外務省関係者が「二島返還論」を次々と説明していた。

「（日本が放棄した）千島の範囲については北千島と南千島の両者を含むと考えております。しかし、南千島と北千島は、歴史的にみてその立場が全く違うことは、すでに（吉田茂）全権がサンフランシスコ会議の演説において明らかにされた通りでございます」（一九五一年十月十九日、西村熊雄・条約局長）

日本国との平和条約

1951年（昭和26年）９月８日署名

1952年（昭和27年）４月28日発効

連合国及び日本国は、両者の関係が、今後、共通の福祉を増進し且つ国際の平和及び安全を維持するために主権を有する対等のものとして友好的な連携の下に協力する国家の間の関係でなければならないことを決意し、よって、両者の間の戦争状態の存在の結果として今なお未決である問題を解決する平和条約を締結することを希望するので、

日本国としては、国際連合への加盟を申請し、且つあらゆる場合に国際連合憲章の原則を遵守し、世界人権宣言の目的を実現するために努力し、国際連合憲章第55条及び第56条に定められ且つ既に降伏後の日本国の法制によって作られはじめた安定及び福祉の条件を日本国内に創造するために努力し、並びに公私の貿易及び通商において国際的に承認された公正な慣行に従う意思を宣言するので、

連合国は、前項に掲げた日本国の意思を歓迎するので、

よって、連合国及び日本国は、この平和条約を締結することに決定し、これに応じて下名の全権委員を任命した。これらの全権委員は、その全権委任状を示し、それが良好妥当であると認められた後、次の規定を協定した。

第１章　平和

第１条（戦争の終了・主権の承認）

(a)　日本国と各連合国との間の戦争状態は、第23条の定めるところによりこの条約が日本国と当該連合国との間に効力を生じる日に終了する。

(b)　連合国は、日本国及びその領水に対する日本国民の完全な主権を承認する。

第２章　領域

第２条（領土権の放棄）

(a)　日本国は、朝鮮の独立を承認して、済州島、巨文島及び鬱陵島を含む朝鮮に対するすべての権利、権原及び請求権を放棄する。

(b)　日本国は、台湾及び澎湖諸島に対するすべての権利、権原及び請求権を放棄する。

(c)　日本国は、千島列島並びに日本国が1905年９月５日のポーツマス条約の結果として主権を獲得した樺太の一部およびこれに近接する諸島に対するすべての権利、権原及び請求権を放棄する。

(d)　日本国は、国際連盟の委任統治制度に関連するすべての権利、権原及び請求権を放棄し、且つ、以前に日本国の委任統治の下にあった太平洋の諸島に信託統治制度を及ぼす1947年４月２日の国際連合安全保障理事会の行動を受諾する。

(e)　日本国は、日本国民の活動に由来するか又は他に由来するかを問わず、南極地域のいずれの部分に対する権利若しくは権原又はいずれの部分に関する利益についても、すべての請求権を放棄する。

(f)　日本国は、新南群島及び西沙群島に対するすべての権利、権原及び請求権を放棄する。

第３条（信託統治）

日本国は、北緯29度以南の南西諸島（琉球諸島及び大東諸島を含む）、孀婦岩の南の南方諸島（小笠原群島、西之島及び火山列島を含む）並びに沖の鳥島及び南鳥島を合衆国を唯一の施政権者とする信託統治制度の下に置くこととする国際連合に対する合衆国のいかなる提案にも同意する。このような提案が行われ且つ可決されるまで、合衆国は、領水を含むこれらの諸島の領域および住民に対して、行政、立法及び司法上の権力の全部及び一部を行使する権利を有するものとする。（以下略）

「クリル・アイルランドと申しますうちには、細かく分けますと、北千島、中千島、南千島ということになって、北千島はクリル・アイルランドで、南千島は全然別のものであるという解釈はなりたたないのであります」（一九五一年十月二十日、草場隆圓・外務次官）

「日本政府といたしましては、いかに苦しいことがありましても、最終的決定が下された以上、涙をのんで、これ（サンフランシスコ条約）を受け入れざるを得ないということでございます」（一九五一年十月二十四日、西村熊雄・条約局長）

ちなみに、筆者は、子供のころに、偶然、映画館で、西村条約局長の答弁のニュース映画を見た思い出がある（当時、映画館では、本編の映画の前に、必ずニュース映画が上映されていた）。子供心ながらも、「戦争に負けるというのは、そういうことなのか」と強く思ったものである。

これらの政府高官の発言のほかに、日本政府が一九四五年作成した北方の領土に関する英文書「千島、歯舞、色丹」がオーストラリアの公文書館で発見されている。千島は北千島と南千島と分け、国後・択捉の二島が南千島と明記されてあった。この英文書を発見した原貴美恵は「外務省自ら国後・択捉は千島列島の一部であると認識していたことを証明する資料が発見された以上、この問題（千島の範囲）の議論は解消したといえよう」（著書『サンフランシスコ平和条約の盲点』）と述べている。

とはいっても、それでソ連側が有利になったかというと、そうとはいえない部分がある。ソ連はサンフランシスコ会議に参加しながらも、サンフランシスコ条約には調印しなかった。サンフランシスコ会議に出席したグロムイコ・ソ連外相は同条約の第二条(c)の文言を、次のように修正することを求めた。

「日本国はサハリン南部およびこれに近接の諸島並びにクリル列島に対するソ連邦の完全な主権を承

認し、これらの領土に対する一切の権利、権原、請求権を放棄する」

実際の条文と違う箇所は「ソ連邦の完全な主権」という表現が入るかどうかだけである。つまり、サンフランシスコ条約には、日本の「千島の放棄」の字句は入っているが、ソ連に引き渡すという条項が入っておらず、これに抗議し、結局、署名もしなかったのである。ソ連側は、千島を誰が領有するのか、定められておらず、領有権がはっきり確定していないことを不満に思っていたことになる。木村汎は『新版日露交渉史』のなかで、この千島領有問題について、「ダレス（米国務省顧問）の罠」「スターリン外交の失敗」と表現し、米ソの駆け引きの中で、ソ連は致命的な失策を犯したと主張している。

個人的には、もし千島列島の帰属の問題がサンフランシスコ条約に今後とも縛られるとすると、現在、行われている日ロ間の領土交渉は、一体、どのような法律上の根拠の上に、行われているのか?との疑問を持つ。つまり、日ロ間で、千島の領土引き渡しを決めてしまってもいいのか？　サンフランシスコ条約署名国との再協議は必要ないのか？　そもそも条約に署名していないソ連との領土交渉は条約違反とはならないのだろうか?など、様々な疑問が湧く。しかし、両国の外務省関係者や研究者から、はかばかしい回答を得たことはない。

日本政府のサンフランシスコ条約締結直後の立場は、二島返還論が主流だったと説明してきたが、その後、流れは次第に変わっていく。それは米ソ対立の冷戦が険悪化していくのと、軌を一にする。特に、米国の冷戦外交を指導したダレス（一九五三年国務長官就任）の影響が強かった（詳しくは第六章参照）。

結論だけを先に書くと、一九五六年二月十一日、森下国雄・外務政務次官は日本政府の統一見解を発表する。内容は次の通りである。

「南千島、すなわち国後・択捉の両島は常に日本の領土であったもので、この点については、いささかも疑念をさしはさまれたことがなく、返還は当然であること。〈中略〉サンフランシスコ平和条約はソ連が参加しているものではないが、右平和条約に言う千島列島の中には両島は含まれないというのが政府見解であります。〈中略〉日本の固有領土たる南千島をソ連が自国領土であると主張することは、日本国民一人として納得しえないところであります」

森下政務次官の答弁は、「南千島の国後・択捉は日本の固有領土であり、放棄した千島には含まれず、ましてやソ連の領土ではない」との主張である。ただ、「南千島は千島ではない」といういい方には矛盾や無理がある。だから、日本政府は次第に、「南千島」という言葉を使わなくなり、「固有の領土」という表現を重要視し、北方四島は「北方領土」という言葉を使うことになっていく。衆議院の議事録を調べた研究によると、一九五六年以前、「固有の領土」や「北方領土」という言葉はほとんど出てこない。逆に「南千島」という言葉は一九五六年以降、次第に使われなくなり、消えていくことになる。

第六章　日ソ国交回復、一九五六年日ソ共同宣言

では、一九五六年とは一体どういう年だったのか？　何が起きたのだろうか？　これが第六章の中身となる。

造船疑獄事件などで大揺れに揺れた吉田茂内閣は、一九五四年十二月総辞職し、代わって鳩山一郎・民主党内閣が誕生する。吉田（英米重視派路線）から鳩山（自主独立・アジア重視路線）への大きな政策

転換である。事実、鳩山首相はシベリア抑留日本兵の帰還と日ソ平和条約の締結を政策課題の最重要課題にあげた。そして、吉田長期政権への飽きと不満がたまっていた日本社会では「鳩山ブーム」が沸き起こり、鳩山首相の日ソ交渉を後押しすることになる。

一方、ソ連は日本に親米派吉田内閣に代わる新しい自主独立の鳩山内閣が出現したことで、対日政策を大きく変えていく。その背景には、スターリンが五三年死去し、対外政策の根本的な見直しから「平和共存政策」へと打ち出す転換期にあったことも大きい。

鳩山内閣誕生の翌月、一九五五年一月、「ソ連政府駐日代表」としてドムニツキー氏が鳩山邸を訪れ、ソ連政府の書簡を手渡した。日ソ関係正常化の交渉を呼びかけた内容だった。日ソ関係は、ソ連がサンフランシスコ条約に署名しなかったため、法律上は、平和条約は締結されていない「戦争状態」が続いていた。これを是正し、日ソ間係を正常化し、平和条約を締結しようという提案であった。事実上の日ソ交渉の始まりだった。

この交渉を見守り、のちに詳細な記録（『クレムリンの使節　北方領土交渉1955―1983』）を残した産経新聞記者・久保田正明によると、書簡は発信者の署名も、宛名も、日付もない不思議な文書で、鳩山首相がこの点をいぶかって尋ねると、ドムニツキー氏は「わたしはソ連本国政府から十分な権限が与えられています。この文書は本国からの命令です」と答え、会談は十分間で終わったという。正式な国家間折衝というよりは、最初は、手探りの秘密交渉という色彩が強かった。

この日ソの接近に、米国は黙ってはいなかった。和田春樹の『北方領土問題』によれば、ダレス米国務長官は翌二十六日付で、アリソン駐日大使に対して、三項目の指示を日本側に伝えるように訓令した。

①ソ連との取り決めは日米安保条約、日華平和条約に影響を及ぼしてはならない②サンフランシスコ条約と矛盾してはならない。米国は歯舞・色丹がクリル諸島の一部ではなく、日本の領土のままであるとの日本の主張を引き続き支持する③日本国内にスパイ浸透と宣伝網を広げるソ連の不可避的な努力をミニマムにするような取り決めを確保することを期待する――の三点だった。米国は冷戦のさなかに、安易な日ソ国交正常化を許さないとの立場を示したもので、鳩山政権へのけん制だった。

米国のけん制は、これにとどまらず、四月二十八日、アリソン大使は谷正久・外務省顧問に重ねて次の覚書を手渡す。

「サンフランシスコ条約の条項に照らして見て、日本がクリル諸島のすべて、ないしは一部を所有するのを支持するのは、米国にとって法律的には難しい。しかし、クリル諸島の戦略的重要性と、日本と連合国が行動しなければソ連の併合の主張を強めるのに役立つ、という事実を考慮して、米国は日本がソ連の南サハリン領有の主張を認めるのと引き換えにクリル諸島のすべて、ないしは一部に対する領有の主張の承認を勝ち取るか、琉球に対して日本が持つ潜在主権に比較しうる形でクリル諸島のすべて、ないし一部に対して日本が潜在主権を持つことを、ソ連から同意を勝ち取るよう努力することに、異議を唱えない」

言葉が歯の間に挟まったような分かりにくい表現だが、米側は日本政府が歯舞・色丹の二島の返還要求以外に、千島の潜在主権を要求し、ソ連側からの同意を勝ち取ることに反対はしない。つまり、二島以外の返還要求を出しても構わないとのシグナルを日本側に伝えたことになる。ただし、積極的な支援はしないという意味でもある。日本政府の北方領土問題への立場が、二島返還から四島返還へと急展開するきっかけとなる覚書だった。そして、日ソ交渉にブレーキをかける米国の強い意志でもあった。

日ソの正式交渉は一九五五年六月三日からロンドンで始まった。日本側は松本俊一・前駐英大使で、ソ連側はヤコフ・マリク駐英大使だった。前述の久保田正明によれば、日本側は交渉に臨む基本的立場を示した訓令第十六号を持っていた。そのうちの領土問題に関する内容は、①歯舞・色丹の返還②千島・南樺太の返還――とあり、「歯舞と色丹の返還については、あくまでもその貫徹を期せられたい」と書かれてあった。

つまり、歯舞・色丹は返還要求をあくまでも貫徹し、千島・南樺太は可能であれば返還を求めるという立場である。久保田によれば「当時の政府、外務省は歯舞・色丹の返還をもって領土交渉妥結の満足条件と考えていた」ということになる。当時、鳩山首相はシベリア抑留者の帰還要求を最重要課題と考えており、二島以上の要求を持ち出す余裕はなかったというのが実態かもしれない。

日本側のそんな弱い立場を見透かしたように、ソ連側は八月、突如、爆弾提案を持ち出す。歯舞・色丹の二島を日本側に引き渡しても良いとのマリク大使の発言だった。ソ連側の二島返還提案を予期していなかった日本側は大きな混乱に陥ることになる。二島返還で妥協するか、二島以上を要求するか、日本側は様々な立場が入り乱れた。重光葵外相ら外務省主流派は、米国の圧力もあり、二島返還での妥協案を嫌い、①四島返還要求②南サハリン、北千島の所属は日ソ間では決められないので、国際会議での決定を待つ――との対抗案を作成し、ロンドンの松本全権に訓令する。

つまり、歯舞・色丹の二島返還から国後・択捉を加えた四島返還に要求を格上げし、さらに択捉以北の北千島および南サハリンについては、日ソ間だけでは領有問題は決められないので、国際会議に任せるという対抗提案だった。ソ連側には到底受け入れられない回答だった。日ソ交渉はここでストップする。双方すれ違いのまま会談は決裂する。

五五年秋、日本は自由党と民主党の保守合同騒ぎで、日ソ交渉どころではなかった。十一月、自由民主党の結党大会が開かれ、日ソ交渉に関しては、歯舞、色丹、南千島の無条件返還が新党の外交方針とされた。四島返還を主張する外務省案を自由党吉田派が強く推した結果とされる。翌五六年二月、森下政務次官による前述の「日本政府統一見解」、つまり、北方四島は「固有の領土」論が正式発表されることになる。

松本・マリク会談から約一年後の五六年七月、今度は重光外相がモスクワに乗り込んで、シェピーロフ外相と日ソ交渉を再開する。日本側は四島返還を要求し、ソ連側は二島返還だけを認めるとの平行線の話し合いが続き、交渉は行き詰まった。ところが、重光外相は八月に入ると、突然、ソ連側の二島返還の提案を、全権判断として、受け入れる決断をする。一年前とは全く違う判断だった。なぜ、心変わりをしたのか、大きな歴史の謎とされている。これに対し、鳩山政府は臨時閣議を開き、重光判断の拒否と交渉打ち切りを命じた。

重光外相はシェピーロフ外相に交渉の中断を申し入れし、意気消沈したまま、八月十三日モスクワを離れ、ロンドンへ向かった。重光外相はロンドンでダレス米国務長官と会談し、交渉経過を説明することになる。重光の話を聞いたダレス長官は、「日本が国後・択捉の二島の権利を放棄する形で、ソ連と平和条約を締結するならば、米国は沖縄返還を再考する」と、猛烈に反発した。また、ダレス長官は、「サンフランシスコ条約では千島列島をソ連に帰属させるとは決めていない、このような場合、米国は、条約第二十六条により、沖縄を永久に領有する立場に立つ」と言い放ったのである。第二十六条とは「日本がいずれかの国と、条約が定める以上の大きな利益を、その国に与える平和処理もしくは戦争請求権処理を行った場合、これと同一の利益を、条約当事国にも及ぼさなければならない」とされ、ソ連に有利な利益を与えるならば、米国も、そのような利益を要求するとの原則から沖縄は永久に返還しないと、迫ったのである。沖縄を人質にとった、事実上の脅しだった。米国の対ソ強硬的態度は重光外相の想像を超えるもので、大きなショックを受けたとされる。日ソ交渉は冷戦対決を背景に、米ソ双方から大きな圧力をかけられていたのが実態だった。

このダレス長官の発言を受けて、米国務省は九月七日、「日ソ交渉に対する米国覚書」を日本側に突きつける。

その内容は①ヤルタ協定は当時の首脳が共通の目標を陳述した文章に過ぎない。領土移転のいかなる法律的効果をもつものではない②サンフランシスコ条約については、ソ連は署名を拒否しており、何らの権利を与えるものではない③日本が放棄した領土は別箇の国際的解決手段によって決まるべきものである④国後・択捉は常に日本の領土の一部となしてきたものである――となっていた。米国が、ヤルタ合意を骨抜き解釈し、ついに、四島返還要求を正式了承したといえる文書だった。この覚書が、今も米政府の立場であるかどうかは不明である。

米ソの駆け引きが騒然とするなか、自主独立路線の鳩山首相は日ソ交渉に向けて自らが乗り出す決意をする。米国の圧力や新党決議などの制約を回避するため、アデナウアー方式（領土問題など懸案問題を棚上げして国交回復を図る交渉、西独のアデナウアー首相が、この方式でソ連との国交回復を行った）で、事態打開を目指す決意をする。①戦争状態の終結②大使交換③抑留者の送還④日本の国連加盟⑤漁業条約の発効——の五項目をソ連との間で合意し、平和条約は締結しないとの目標（鳩山方式）を決めたのである。領土交渉は今後どうするのか、極めてあいまいなまま取り残された。

日本外務省の松本俊一・全権代表は九月にモスクワ入りし、鳩山首相の訪ソ直前の予備交渉を行った。その結果が「松本・グロムイコ書簡」で、ソ連側から「領土問題含む平和条約締結に関する交渉を継続することに同意する」との了解事項を引き出すことに成功する。つまり、鳩山方式によって、国交が回復されても、領土交渉は継続されるとの確認である。この「松本・グロムイコ書簡」は、のちに日ソ間の大きな対立へと発展することになる。

鳩山首相は十月七日、羽田を出発、南回りで、スイスのチューリッヒ、スウェーデンのストックホルムを経由して、十三日午後モスクワ入りする。病弱だった鳩山首相が、この大旅行で体力が持つのかどうか、同行の医師団は大変気を使ったとされる。

鳩山首相は同十五日第一回会談を開始する。日本側は鳩山一郎首相と河野一郎農相、ソ連側はブルガーニン首相とフルシチョフ・ソ連共産党第一書記だった。ちなみに、ソ連共産党独裁体制では、ブルガーニン首相よりも、フルシチョフ党第一書記の方が序列は上である。ソ連側から共同宣言案が提出されたが、領土問題に関しては、「国交回復が再開されたのち、領土問題を含む平和条約に関する交渉を継続する」とだけ書かれ、具体的な領土返還の内容は書かれていなかった。

「松本・グロムイコ書簡」通りだが、これでは領土問題は全く動かず、保守合同にうたわれた新党決議に違反する。党内の強硬派の突き上げは避けられない状況になる。モスクワ入りした交渉団のメンバーの一人、河野一郎が猛然とロシア側に働きかけをすることになった。十六、十七、十八日と連続して、フルシチョフとの会談が立て続けに行われた。結局、ソ連側から「歯舞・色丹を平和条約締結後に引き渡す」との字句を引き出すことに成功する。日本側は大喜びだったとされる。

ところが翌十八日、フルシチョフは、条文原案にあった「領土問題を含む平和条約に関する交渉を継続する」との文章から「領土問題を含む」という字句の削除を求めてきた。つまり、領土問題は二島返還で終わりと示唆する内容で、日本側は猛反発する。フルシチョフは頑として譲らない。

結局、日本側は「松本・グロムイコ書簡」を同時発表するということを条件に、条約の中の「領土問題含む」という字句の削除を認める。日ソ双方は領土問題をあいまいにし、どちらともとれる玉虫色解釈の余地を残し、妥協の合意をすることになった。

のちに、ソ連側は、領土交渉は歯舞・色丹の二島返還で決着して、それ以外の領土問題も、決着済みとなったと主張する。日本側は歯舞・色丹の二島は決着したが、残りの国後・択捉の二島はいまだに決着していないとして、「松本・グロムイコ書簡」（つまり、「領土問題をふくむ平和条約締結に関する交渉を継続する」との内容）をもとに、領土交渉の継続を主張することになる。

一九五六年十月十九日、日ソ共同宣言（いわゆる「五六年共同宣言」）が調印された。第二次大戦後に北方領土問題が発生してから初めての日ソ合意であり、日ソの議会で批准された唯一の法的文書である。

領土問題に関わる第九条の正確な内容は次の通り。

「日本とソ連は両国間に正常な外交関係が回復されたのちに、平和条約に関する交渉を継続することに同意する。

ソ連は日本の要望に応えかつ日本の利益を考慮して、歯舞群島および色丹島を日本に引き渡すことに同意する。

ただし、これらの諸島は日本とソ連の間の平和条約が締結された後に現実に引き渡されるものとする」

つまり、ソ連は日本との間に平和条約が締結されたのちに、歯舞と色丹の二島は返還すると約束した文書で、国後と択捉についてはあいまいで、日ソ双方の理解は異なっていたということになる。

実は、この日ソ共同宣言の調印式の場に、フルシチョフは姿を見せなかった。ソ連共産党第二十回党大会（五六年二月）のスターリン批判を受け、ポーランドのポズナニで暴動が発生し、ゴムルカ政権誕生の「十月政変」へと突き進んでいた現地へ向かっていたのである。翌十一月にはハンガリー動乱が始まり、ソ連軍の出動という騒ぎになっていく。フルシチョフは鳩山や河野らに意気盛んな発言をしていたが、それどころではない政治激変の中にいたのが実態だった。日本に対して、それほど強い立場はとれず、日本との「平和共存」を望んでいたというのが真相だったかもしれない。

その後、日ソ間の平和条約交渉は、一向に進まなかった。それどころか、一九六〇年の日米安保条約の改定を機に、ソ連側は「日ソ間の領土問題は解決済み」との主張を展開する。そして、「五六年共同宣言」の有効性についてはあいまいなまま、長い凍結期間を迎えることになる。

第七章　ソ連崩壊、川奈秘密提案

長い間、凍り付いていた領土問題が動き出すのは、ゴルバチョフという新しい人物がソ連政界に現れ、「ペレストロイカ」（立て直し）という新しい政治を始めてからである。「新思考」と名づけた外交の見直しも行った。従来のイデオロギー色の強い冷戦思考からの脱却でもあった。結果的には、ペレストロイカ政治は未曽有の混乱を巻き起こし、ソ連崩壊という歴史的な大事件を引き起こすことになる。

ゴルバチョフ・ソ連大統領は、ソ連崩壊の直前の一九九一年四月十六日から十九日まで、日本を訪問し、海部俊樹首相と十数時間にわたる会談を行った。のちにゴルバチョフ氏は、日本側が領土問題で食い下がり、その執拗さにはほとほと呆れたとの感想を述べている。ゴルバチョフ大統領滞在三日目の十八日に「日ソ共同声明」が署名された。領土問題に関わる合意は次の通りである。

「海部俊樹首相とゴルバチョフ大統領は、歯舞群島および色丹島、国後島および択捉島の帰属についての双方の立場を考慮しつつ領土画定の問題を含む日本とソ連との間の平和条約の作成と締結に関する諸問題について詳細かつ徹底的な話し合いを行った」

「一九五六年以来長年にわたって二国間交渉を通じて蓄積されたすべての肯定的な要素を活用しつつ建設的かつ精力的に作業するとの確固たる意志を表明した」

大げさな表現が躍るが、文章を読む限り、具体的な中身はなかったとの印象である。ソ連側は一九五六年の日ソ共同宣言に触れながらも、その法的有効性についてはあいまいなままとし、歯舞・色丹の引き渡しについても、立場を明らかにしなかった。五六年共同宣言の有効性をはっきりと認めなかったことになる。ただし、歯舞・色丹だけでなく、国後・択捉についても、話し合いが行われたことを認めた。国後・択捉の二島の名前が共同宣言に記載されたのはこれが初めてで、小さなことながら、日本政府にとっては、大きな成功だったと総括された。

ゴルバチョフ大統領は四か月後に、クーデター騒ぎで、政権の座を事実上追われる。約七十年間続いたソ連社会主義体制は音を立てて崩れ始める。ソ連は分裂し、新生ロシアとなり、ゴルバチョフ・ソ連大統領に代わってエリツィン・ロシア大統領が登場する。ゴルバチョフにとっては、日本訪問は政権崩壊直前の束の間の休みであり、平和条約や領土交渉をまとめられるような状況ではなかったのである。

ソ連崩壊後、領土問題については、エリツィン・ロシア大統領が前面に出てくる。そして、ソ連外務省に代わって、ソ連時代はまともな役所とは見られていなかったロシア共和国外務省が日本との交渉を支える裏方になる。ロシア側はソ連時代とは違うという外交姿勢をアピールする。そして、エリツィン大統領は、ソ連時代の制約を引きずっておらず、日本に対しても柔軟な態度をとるのではないかと期待されていた。

実は、エリツィンはゴルバチョフ訪日の三か月前、日本を訪問し、領土問題解決のための五段階解決案を提示していた。内容は次の通り。

第一段階　日ソ間の領土問題の確認。

第二段階　北方四島を自由企業活動地区とする。

第三段階　北方四島の非軍事化。

第四段階　平和条約の締結。

第五段階　領土問題の解決を次世代にゆだねる。

ソ連崩壊後、エリツィン大統領の訪日問題が持ち上がっていくが、具体的な動きには、なかなかならなかった。一九九二年九月に予定されていた訪日も、エリツィン大統領からの申し出で急きょ中止となり、翌九三年十一月にようやく実現された。大統領の訪日計画が揺れた背景には、大統領の病気（心臓病）と、ソ連崩壊後の市場経済導入を巡って、ロシア社会が真二つに割れ、凄まじい政治対立・権力闘争が繰り広げられたことがある。領土交渉どころではなかったのである。ちなみに、エリツィン大統領は日本訪問後、議会保守勢力と衝突し、戦車が議会建物を砲撃するという騒ぎになる。二回目の訪日は騒然とした国内政治対立の中で実現されたのが実態だった。

日ロ会談は十一月十二日から十三日にかけて行われ、日本側は細川護熙首相がエリツィン大統領を迎えた。会談後に発表された共同宣言は「東京宣言」と呼ばれた。領土問題に関する合意は次の通り。

「日本とロシアは両国関係における困難な過去の遺産は克服されなければならないとの認識を共有し、択捉島、国後島、色丹島および歯舞群島の帰属に関する問題について真剣な交渉を行った」

「双方は、この問題を歴史的・法的事実に立脚し、両国の間で合意の上作成された諸文書及び法と正義の原則を基礎とし解決する」

ロシア側は「五六年共同宣言」についての再確認を避け、同宣言で約束されていた歯舞・色丹の二島引き渡しについても立場を明らかにしなかった。全体として領土問題解決への具体的な提案は何もなかった。

ただし、歯舞、色丹、国後、択捉の四島の帰属が決まっていないことを確認した。これまで、ロシア側は、ソ連時代を通じても、北方四島が係争地であることを一度も公式には認めたことはなかったが、初めて認めた。これは大きな前進だと、日本側は総括した。つまり、四島は未確定領土として初めて日ロ交渉の場に上ったとの理解だ。

しかし、ロシア側関係者は東京宣言を日本側ほど高く評価しない。領土問題では何も決まらず、ロシア側は何も約束をしていないと主張する。それでも、四島の帰属が決まっていないとの確認をしたのは、ロシア外交の失敗だったと分析する人は多い。逆にいえば、エリツィン政権は国内政治で窮地に追い込まれながらも、日本側にそれなりのサービスと譲歩を精一杯行ったといえるかもしれない。

もう一つ、「東京宣言」では、「法と正義」に基づく解決という原則が打ち出された。「法」とは国際法の実施であり、「正義」とは、歴史的正義を意味する。日本側は、この原則に従えば、ロシア側は領土返還を行わざるを得ないとの印象を強く持った。日本側が「法と正義」による解決を強調する場合、「不法と不正義」は、ロシア側にあるとの意味合いを強く込める。

しかし、ロシア側は日本側とは微妙に違う理解をする。「法」とは千島放棄を規定したヤルタ合意もしくはサンフランシスコ条約のことであり、「正義」というのは、ロシア語では正義以外に公平という意味も含まれる。つまり、お互いに納得できる公平な正義ということである。このことから、ロシア語の「法と正義」の解釈は、国際法に準拠しながらお互いに納得できる譲歩を行うという意味合いが強く出てくる。

もともと「法と正義」という言葉は、ロシア側から提案されたものであり、ロシア側が不利な解釈に結び付く提案をすることはあり得ない。日ロ双方の関係者が、「法と正義」と叫ぶ場合、必ずしも、お互いに同じことを言っているわけではなく、双方の理解はずれていると理解した方がいい。

結局、ソ連が崩壊し、日ロ間の雰囲気が大きく変わり、ゴルバチョフ、エリツィンの大物政治家と交渉を重ねたにもかかわらず、日ロ間の領土問題の進展はほとんどなかった。ソ連崩壊に向けて、東西ドイツの統一を成し遂げた西独コール首相の東方外交に比べると、大きな差が出たとの指摘は多い。

実は、日本政府、特に外務省では、冷戦終結・ソ連崩壊を前にして、従来の対ソ政策を修正すべきだとの考え方が高まっていた。ソ連崩壊の二年前の八九年、日本外務省は冷戦時代に長く続いていた「政経不可分論」（政治と経済は密接に結びついており、切り離すことはできない。つまり、領土問題解決なくして、日ロ間の経済発展はない）を取り下げ、「拡大均衡論」（政治と経済が均衡して拡大する）を主張し始めていた。さらに、ソ連崩壊後は「重層的アプローチ」（さまざまな次元での日ロ接近）へと対ロ政策を変える準備を進めていた。結果的に硬直的な対ロ姿勢を少しずつ変えていた。対ロ外交はゆっくり、しかし、確実に変化していたのである。

その流れの頂点に立ち、登場してきたのが橋本龍太郎だった。ボリス（エリツィン）VSリュウ（橋本）と呼ばれる親密な関係を作りながら、しゃにむに日ロ外交を推進することになる。九七年七月二十四日、橋本首相は経済同友会で演説し、「ユーラシア外交」という新しい概念を打ち出した。通産省幹部の原案をもとに外務省の丹波實審議官、東郷和彦欧亜局審議官、篠田研二ロシア課長らがまとめたといわれる新外交方針であった。冷戦後の国際関係の大きな変化を見据え、「太平洋から見たロシア外交」を推進すると宣言し、「信頼、相互利益、長期的視点」の三原則を掲げた。領土交渉を超える大きな視点の展開であり、日ロ間の理念の在り方を提起した演説として、ロシア側の高い評価を受ける。それがボリスVSリュウ関係の接近を導くものにもなっていった。

また、この時期、日ロ領土交渉は、領土返還もしくは引き渡し交渉ではなく、国境画定交渉と名称を変えていた。つまり、領土の奪い合いだと、双方のメンツの問題が出てきて、うまくまとまるものもまとまらない。日ロ間では、第二次大戦後も平和条約が結ばれていない。ということは、国境も画定していないことになる。それでは、決まっていない国境を画定しましょうという発想の転換である。これは、冷戦時代に叫んでいた「北方四島即時一括返還」という考え方とは、かなり位相が違う立場になる。「四島即時一括返還原則論」者からみると、ロシア側におもねった歪んだ主張という反発にもなる。

しかし、ソ連の崩壊後、新しい時代が始まったという雰囲気のなかで、日本の対ロ外交が転換していった事実は、あまり、人々には知られることもなく、反発もなく、進んでいった。背景には、ゴルバチョフ・ブームとペレストロイカ政治への日本社会の好感があった。時代の流れ、もしくは時代の空気が違っていたということかもしれない。

実は、日本外務省は、北方四島の「即時一括返還論」という立場も、少しずつ内容を変化させていた。一九九一年八月のソ連クーデター未遂事件があった二か月後、海部政権の中山太郎外相はいち早く、モスクワ入りし、ソ連側に領土問題の解決を訴え、「四島即時一括返還」の立場を緩和するとの発言を行ったとされる。さらに、次の宮沢喜一政権でも、渡辺美智雄外相が九二年四月、地元福島の講演会で、ロシアが四島の主権を日本に認めれば、国後・択捉については、一定期間の行政権の行使を認めても良いとの考えを述べていた。

いわゆる「二島先行返還論」につながる考え方だった。しかし、これらの動きは、いずれも正式にはロシア側には提案されなかった。手探りで、観測気球を揚げた形だった。領土交渉推進のためには、何らかの動きが必要だとして、日本国内で練り上げられてきた考え方で、外交交渉の場に上げるには時期尚早だったということかもしれない。

一九九七年十一月七日、橋本龍太郎首相とボリス・エリツィン大統領はシベリアの中心都市クラスノヤルスクで非公式首脳会談（ネクタイなしの会談）を行う。会談の合意内容発表はわずか一行だった。「東京宣言に基づき、二〇〇〇年までに平和条約を締結するよう全力を尽くす」

つまり、「法と正義」の原則に基づいて北方四島すべてについての帰属を解決し、二〇〇〇年まで平和条約締結を目指すという内容だった。

日本外務省は、「会談は大成功だった」と発表し、マスコミはあたかも二〇〇〇年までに領土問題が解決するかのような報道を行った。筆者は当時、モスクワ特派員で、日本外務省発表から伝わる内容に危機感を持ち、「これは二〇〇〇年までに解決するということではない。あくまでも目標に過ぎない」と、何度も東京の編集部に警告したのを覚えている。事実、プリマコフ外相は「これは努力するというだけだ」と日本側の反応に水をさす発言をしきりに行っていた。

後に伝わってきた情報によると、エリツィン大統領は領土問題に関しては、日本に対して同情的であり、譲歩しても良いと考えていた可能性が強い。ただ、当時のエリツィン大統領の体調はあまりよくなく、精神的に不安定で、交渉をきちんとできる状態ではなかった。

翌一九九八年四月十八〜十九日、エリツィン大統領は再び病気の体を押して、伊豆半島の保養地・川奈のホテルで、橋本龍太郎と会談する。「川奈会談」と呼ばれる。というよりは「川奈秘密提案」が行われた会談として、歴史に残ることになる。

日本政府の発表は再び一行のみで、公式には、他には何も残っていないことになっている。

「平和条約が東京宣言第二項（領土問題の条項）に基づき四島の帰属の問題を解決することを内容とし、二十一世紀に向けての日ロの友好協力に関する原則を盛り込むものとなるべきである」

東京宣言に基づく四島帰属問題の存在と平和条約締結への原則の確認で、二〇〇〇年までの目標は削除され、具体的な領土問題の進展については、何も言及されていない。

しかし、橋本首相と日本外務省は乾坤一擲の領土問題解決案を用意していた。これは秘密提案なので、日本政府からの発表はなく、そのきちんとした説明もいまだにない。のちに裁判にかけられる鈴木宗男衆議院議員らが内容を暴露しているが、外務省関係者は公式には口をつぐんでいる。その内容は次の通りと推定されている。

① 日ロの国境は択捉とウルップの間とする。
② 日本側は四島の返還を直ちには求めない。
③ ロシアは一定期間行政施政権を行使する。

つまり、北方四島は日本の主権下にあることを認めれば、現実の返還はいつでもいいという提案である。「四島即時一括返還」のうち、「即時」と「一括」の二つの条件が取れた提案でもあった。そして、この提案は中山太郎、渡辺美智雄両氏の発言の延長線上にあり、突如出てきたものでもなかった。外務省内部で、長いこと暖められ、練り上げられて、出てきた提案である可能性が強かった。

橋本龍太郎首相が「真剣な検討に値する興味深い提案である」と説明すると、エリツィン大統領は身を乗り出し、側近のヤストルジェムスキー報道官が、あわてて、エリツィン大統領の腕をとり、引き戻したという逸話が残っている。ロシア側は日本側の提案に一瞬ぐらりと揺れたが、すぐさま引き戻されたという印象を与える逸話でもある。ソ連崩壊後の日本の領土交渉のピークであり、その後、日ロ交渉は逆風の中で、坂道を転げ落ちていくことになる。

一九九八年七月の参院選で、自民党は惨敗する。橋本政権は総辞職し、橋本首相のユーラシア外交も終焉を迎えることになる。

第八章　国家の罠

橋本首相の辞任に伴い、新首相に就任した小渕恵三は一九九八年十一月十二日、モスクワに向かう。翌十三日、日ロ首脳会談が行われ、「日本とロシアの間の創造的パートナーシップ構築に関するモスクワ宣言」を署名する。領土問題に関する内容は次の通り。

「本年四月の川奈における首脳会談において日本側から提示された択捉島、国後島、色丹島および歯舞群島の帰属に係わる問題の解決に関する提案に対して、ロシア側の回答が伝えられたことにかんがみ、東京宣言並びにクラスノヤルスクおよび川奈における首脳会談に際して達成された合意に基づいて、平和条約の締結に関する交渉を加速するように両政府に対して指示する」

長い、分りにくい合意内容だが、結論的には、何も決まらなかったということである。川奈提案は秘密提案なので、その提案が日本側からロシア側になされたということは文面からわかるが、その秘密提案の内容は明らかにされていない。また、ロシア側から川奈提案に対する正式回答が伝えられたことも文面から読み取れるが、この内容も明らかにされていない。そして双方のやり取りを踏まえて、「交渉を加速するように政府に指示した」とだけ、事実経過が書かれてある。

当時、エリツィン大統領の体調は極めて悪く、長時間の領土交渉を行う余裕はなく、首脳会談とはいっても、川奈提案へのロシア側の回答文書を小渕首相へ引き渡すのが精一杯だったといわれる。モスクワ宣言は全二章十九項目の合意事項が延々と書き連ねてあるが、日ロ首脳が突っ込んだ意見交換を行った形跡はほとんどない。エリツィン大統領の日ロ交渉が終わりに近づいたことを見せつける会談だった。

そして、公式には発表されていないロシア側の回答要旨は次の通りだったとされる。

「日ロは共同経済活動などを通じ、領土問題の最終解決を目指す」

つまり、川奈提案の「日本の四島の潜在主権を認めれば、返還の時期や形式は問わない」とした内容には、一顧だにせず、主権をあいまいにしたまま、とりあえず「共同経済活動を行おう」と呼びかけた形である。これは、エリツィンが九一年発表した五段階解決論の第二段階を内容とほぼ同じである。結局、「第一段階の領土問題の存在の確認は終わった。第二段階に移ろう」というもので、「五段階解決の二段目にまでやってきた」という解釈でもある。

翌一九九九年の大晦日、エリツィンは大統領辞任の発表を行った。大統領代行にはプーチンを指名した。プーチン時代の始まりである。

翌二〇〇〇年、小渕首相が脳梗塞で倒れ、急きょ森喜朗政権が誕生する。自民党幹部五人が密室で後継者を決めたとされ、大きな疑惑を呼んだ。この森政権誕生騒ぎのなかで、日ロ交渉の重要人物として登場したのが鈴木宗男（当時自民党総務局長）だった。

鈴木は北海道出身の地方叩き上げの政治家で、中川一郎衆院議員の秘書を務めながら、政治家修業し、衆院当選後は金丸信、野中広務らの実力者との密接な関係を持った。選挙区が北方四島に近い関係から日ロ交渉に関心を持ち、外務省の権益を守る立場を押し出し、次第に外務省に大きな力をふるうようになる。この鈴木宗男を慕ったノンキャリアの外交官が佐藤優で、のちに、この二人は日ロ交渉に大きな影響をふるうことになる。

鈴木宗男は小渕首相特使として、モスクワ入りを予定していた。小渕首相死去の知らせを聞いたあとも旅程を変更せず、モスクワへ飛び、プーチン大統領代行と緊急会談を行った。新首相就任前なのにもかかわらず、日ロ関係推進と首脳会談の開催の必要性を泣きながら訴えたとされる。その熱意が通じたのか、プーチンは首脳会談開催に合意したと発表された。外務官僚に代わり、政治家主導の日ロ交渉が並行して始まるきっかけともなった。

鈴木宗男は北方四島から追放となった元島民との接触もあり、「元島民の老齢化は急ピッチに進んでおり、領土問題を早く解決しないと、元島民は報われない」との考え方が持論だった。解決できるところから解決していくとの立場から「段階的解決論」を主張したとされる。

つまり、「五六年共同宣言」で引き渡しが決まっている歯舞・色丹の二島をまず返してもらい、次に国後・択捉の返還を実現するという「二段階解決案」である。「二島先行返還論」とも呼ばれたが、「四島即時一括返還論」の立場からは大きく外れる。このため、対ロ強硬論者は厳しく反対し、さらに、

「鈴木宗男は二島で最終決着するつもりだ」との批判が展開された。鈴木宗男の本音が、どこにあったのか不明だが、本人は「四島返還を放棄したわけではない」と反論している。

鈴木宗男の「段階解決論」は、「川奈秘密提案」が拒否されて以降、日本側の領土交渉の柱になってゆく。その一方で、鈴木宗男の強引なやり方に、外務省内部での反発は高まってゆき、自民党内部でも、四島返還の原則が歪められているなどの批判が噴出していった。

二〇〇〇年九月三日から五日、大統領選で圧勝したプーチン大統領が初の日本公式訪問を行った。領土問題に関する合意は次の通り。

「東京宣言およびモスクワ宣言を含む今日までに達成されたすべての諸合意に依拠しつつ、『択捉島、国後島、色丹島および歯舞群島の帰属に関する問題を解決することにより』平和条約を策定するための交渉を継続することで合意した」

北方四島の帰属問題の存在と、その問題を解決しない限り、平和条約の締結はないとの立場を合意しあっただけといえる内容である。

実は、プーチン大統領は、この合意条項に入っていない「五六年共同宣言」の法的有効性を認める発言を行っていた。ゴルバチョフも、エリツィンも、あいまいなままにしていた「五六年共同宣言」の有効性を初めて再確認したのである。口頭の了解だったため、日本国内ではほとんど知られず、注目も浴びなかった。しかし、新生ロシアの対日領土交渉の基本線が明らかになった歴史的事件だった。

つまり、レニングラード大学法学部出身のプーチンは、「五六年共同宣言」は日ソ双方が合意し、議会が批准した文書であり、これを否定することはできないとの現実的な立場を、ソ連崩壊後初めて示したのである。そして、その意味は、「平和条約の締結後、色丹と歯舞群島は日本側に引き渡される」という条項の順守である。残りの国後・択捉の二島については、共同宣言には何も約束されていない。プーチンは、この微妙な問題について、自らの立場を示さなかった。それでも、最小限、二島の返還を行う用意があるとの立場を匂わせたのである。もし、日本側が二島返還で妥協するのならば、ロシアは平和条約を直ちに妥結する用意があるということでもあり、「五六年共同宣言」署名時のソ連フルシチョフの立場とほぼ同じ位置に戻ったともいえる。

このプーチン発言を受けて、日本側は「二島返還＋二島継続協議」の「段階的解決案」へと、領土交渉を変化させていく。「川奈提案」に盛られた四島主権要求から「二＋二」の分割解決案への移行である。返還手続きと領土決定の二つの交渉を平行線で進めるということから「並行協議」とも呼ばれた。

二〇〇一年三月二五日、シベリアのイルクーツクで、非公式日ロ首脳会談が行われた。出席したのは森喜朗首相とプーチン大統領で、「イルクーツク声明」と呼ばれる文書が署名された。

最大のハイライトは次の字句である。

「一九五六年の日本とソ連の共同宣言が、両国間の外交関係の回復後の平和条約締結に関するプロセスの出発点を設定した基本的な法的文書であることを確認した」

前年の東京会談で、プーチン大統領が口頭で説明した「五六年日ソ共同宣言」の法的有効性が文書で確認されたということだった。

森首相はこの会談で、プーチン大統領に対して、歯舞・色丹と国後・択捉の二つのグループを分離して交渉を行う「並行協議」を提案したとされる。しかし、のちに、日本政府は、この「並行協議」という考え方は日本にはなかったと全面否定し、「段階的解決論」というような考え方はもともと存在しなかったと説明することになる。「四島即時一括返還論」を中心とした対ロ強硬論の巻き返しである。そして、この対立は外務省、政界を巻き込んで大きな騒動へと発展する。

騒動の始まりは、二〇〇一年四月の森喜朗首相の退陣による小泉純一郎政権誕生の政権交代だった。小泉純一郎はエリート官僚出身の福田赳夫元首相の秘書としてスタートし、一九七二年、父親の跡を継ぎ、衆議院議員に当選。福田派に属したが、自己主張が強く、一匹狼的性格の「政界の変人」として知られた。森首相退陣後の総裁選で、「自民党をぶっ壊す」との掛け声とともに、最大派閥の橋本龍太郎に挑戦、下馬評を覆して勝利した。従来の自民党勢力を「抵抗派」と呼び、徹底的な「守旧派つぶし」を展開した。この抵抗派、守旧派と呼ばれた勢力は旧田中派を引き継ぐ「経世会」のことで、小泉にとっては、恩師といえる福田赳夫と田中角栄との「角福戦争」の再現でもあった。

ソ連崩壊後、日ロ交渉に携わった人々は、旧田中派政権が長く続いたこともあり、ほとんどが小泉の言う「抵抗派」のメンバーだった。そして、その頂点には橋本龍太郎が立っていた。その橋本を破って首相の座に就いた小泉は、当然、橋本前首相のユーラシア外交を否定し、ソ連崩壊後の対ロ政策は間違っていたとの立場をとる。「並行協議」、「二島先行返還論」を否定し、「四島即時一括返還論」の復活を主張する。日本の領土交渉は急転換し、振り出しへ戻っていくことになる。外務省内部では、ロシア・スクールの対ロ外交への批判が噴き出し、主流派英米スクールの声が一挙に強まる。

この外務省内部の対立に加えて、小泉首相が任命した田中真紀子外相と外務省エリートの対立、さらには鈴木宗男を加えた三つ巴の争いが展開された。怪文書が流れ、告発合戦や密告騒ぎが横行し、外務省は日ロ交渉どころではなくなる。小泉首相は喧嘩両成敗の形で、田中外相を更迭し、鈴木宗男・衆議院議員運営委員長を辞任させる。そして、検察庁が動き出し、鈴木宗男、佐藤優など対ロ交渉関係者が次々と逮捕される。のちに、佐藤優は、自らの逮捕について、『国家の罠』という本を書く。「国家の罠」という言葉は、その後流行語にもなる。

また、鈴木宗男らと関係して、ユーラシア外交や「並行協議」を推進していた外務省ロシア・スクールの関係者は次々に追放、もしくは処分され、壊滅状態に陥っていく。外務省のロシア・スクールを襲った大騒動については、今でも、関係者の口が重く、はっきりした説明もない。事実関係や真相はなお不透明なままだ。

ロシア側から見ると、一体、日本政府の立場はどこにあるのか？　どこを間違い、どこを修正したのか、はっきりしてくれないと、交渉もできないという感想にもなる。特に、交渉の基本点が「四島即時一括返還」にあるとしたら、返還の形と時期はいつでもいいとした「川奈秘密提案」はどうなるのか？もはや存在しないとするのか、それとも、まだ提案は生き続けていると考えるべきなのか、理解に苦しむということにもなる。外務省関係者は、現在「四島即時一括返還」という言葉を慎重に回避し、単に「四島返還」と表現することが多い。つまり、「一括」と「即時」という言葉については、あいまいなままである。

のちに、プーチン大統領は「日本側から、『五六年共同宣言の立場に戻るつもりはあるのか？』と、問われたので、『われわれはある』と答えた。すると、日本側は『それではまず、四島を返してほしい』と言ってきた。それは共同宣言への復帰にはならない」と説明し、間接的に、小泉政権下で起きた政権

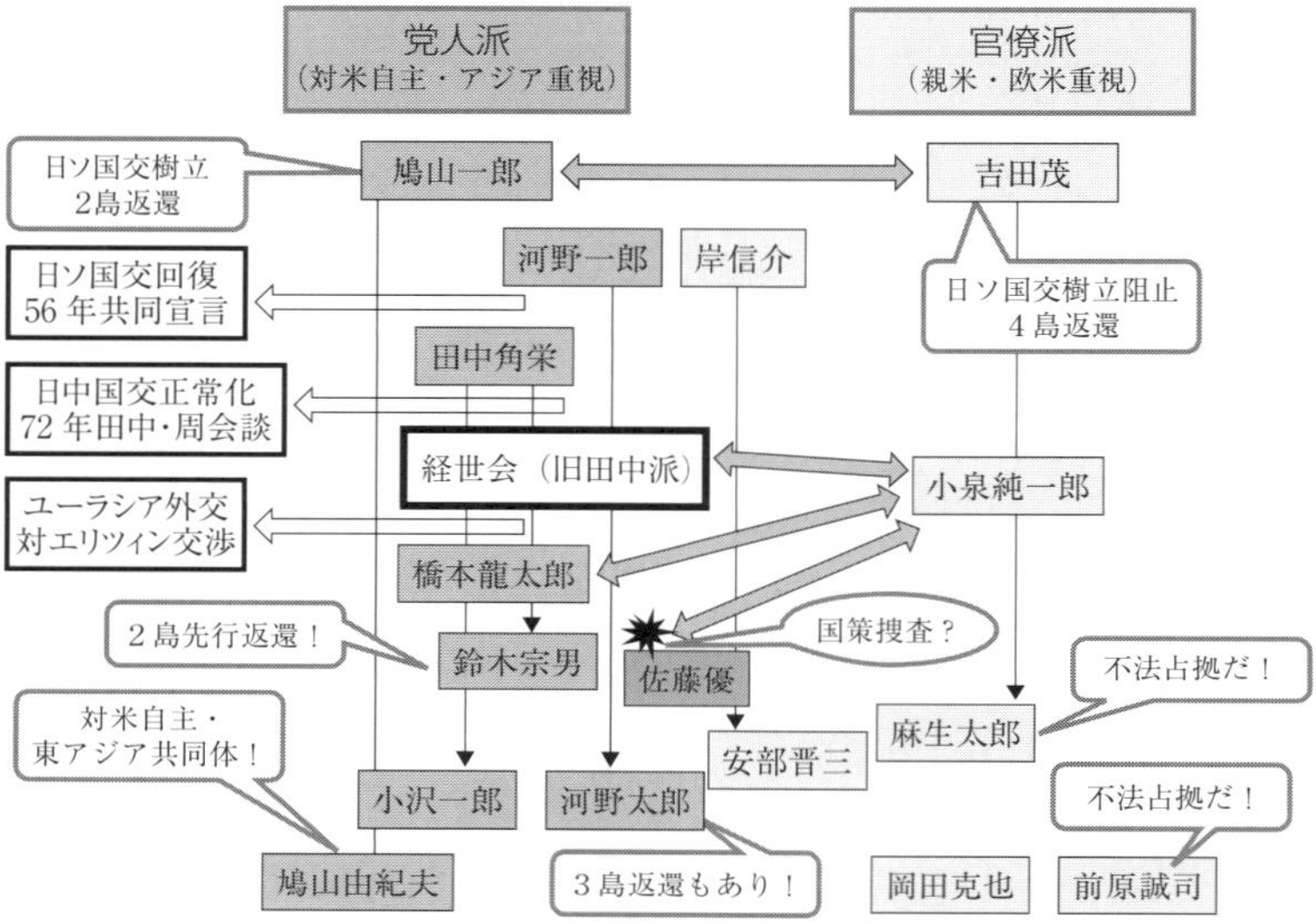

図３　党人派（アジア重視）と官僚派（親欧米）の確執

内部の対立・紛争騒ぎによる、日本側の態度変更を再三批判している。プーチン大統領にとっては、二〇〇〇年の訪日の際の「五六年共同宣言」の法的有効性の承認と、その後の交渉はロシア側の譲歩であるとの思いが強くあると思われる。

鈴木宗男事件を俯瞰してみると、サンフランシスコ会議の際に紛糾した単独講和と全面講和の二つの流れの対立が依然として解消していないとの印象を抱く。戦後半世紀過ぎ、冷戦も過去のものとなり、さすがに右か左かのイデオロギー論争は姿を消したように見える。しかし、欧米重視の日米同盟堅持か、アジア重視の自主独立路線かの対立は依然解消しておらず、叩き上げ政治家を中心とする「党人派」とエリート官僚を中心とする「官僚派」の対立は根強く残っている。そして、根底には、ロシアをどう扱うか、どう考えるか、いまだに統一した立場も見解もない実態がある。

領土交渉というと、二国間の立場の問題と考える傾向が強いが、実は各国内部の政治対立や派閥対立、あるいは政府内部の省益や政策グループの対立であったりすることは多い。そして、そのような対立は日本だけでなく、ロシアにも存在するということは指摘しておきたい。

第九章　プーチンのウィン・ウィン解決案、メドヴェージェフの国後訪問

鈴木宗男事件で、日本側の対ロ交渉姿勢が分裂し、交渉責任者も、交渉内容も、不明確になっていくなかで、ロシア側は、それでも日本側との交渉の糸口を求めて動くことになる。プーチン大統領のウィン・ウィン解決提案の登場である。背景には中国の目覚ましい発展と台頭があった。

二〇〇四年十月、ロシアは長年の懸案だった七千キロ以上にわたる中ロ国境交渉の最終妥結に成功する。最後まで残ったハバロフスク近郊アムール川の島の帰属について「ウィン・ウィン方式」で解決したと説明された。「ウィン・ウィン方式」とは、「双方が納得し、双方に受け入れられる」解決案の意味で、通常「係争領土折半方式」を意味することが多い。つまり、係争地を半分ずつ分けるという解決である。

プーチン大統領は、二〇〇〇年に政権についてから、精力的に国境画定を各地で進めていた。ソ連崩壊後のロシアの主権・領土を決定・確認することが、新生ロシアの国家建設の基礎になると考えていたと思われる。中ロ国境については、紛争を長引かせるよりは、多少譲歩しても、現時点で国境問題を解決する方が、のちに中国が大国になるかもしれないことを考えると、理に合っていると考えた可能性が

強い。

プーチン大統領は〇六年九月のヴァルダイ会議（国内外のロシア専門家を招き、ロシア情勢を討論する会議）で、この「ウィン・ウィン方式」を日ロ領土交渉でも使うべきだとの主張を展開した。プーチン発言の内容は次の通り。

「近年、ロシアと中国は四十年間の国境問題交渉を続け、一昨年、双方の妥協により、最終的に合意した。日本との間でも、双方に受け入れ可能な条件の下で妥協によって解決したいと思っているし、それは可能だと信じている」

プーチンの発言に出てくる「双方に受け入れ可能な条件」という表現には、日本との領土交渉の解決を「ウィン・ウィン方式」で終わらせるべきだとの主張が見え隠れする。そして、中核となる考え方は「譲歩」であり、「ウィン・ウィン方式」とは、双方の譲歩による、双方が受け入れられる解決案となる。

このプーチン発言を受けて、当時の麻生太郎外相は毎日新聞のインタビュー（二〇〇六年九月二十八日付朝刊）に答えて、次のように語っている。

「（四島の面積分割案について）ひとつの考え方ですね。二島じゃあこっちがだめ。四島じゃあ向こうがだめ。間を取って三島という話だろう。それで双方が納得するかどうかですよ。これは役人では決められません。どこかで政治的な決断を下さない限り、下から積み上げてどうかなる話ではない。この問題の解決（への意欲）は、プーチン・ロシア大統領の頭の中にあるように見えますけどね」

麻生外相は、四島の面積折半の分割による「ウィン・ウィン方式」は一つの解決案だと発言し、二島返還でも四島返還でもない立場はありうるとし、そのような解決は外務省の役人などの官僚の手にあまり、政治的解決をするしかないとの考え方を示した。

麻生外相は十二月十三日の衆院外務委員会でも、同じような質問をされ、「択捉島の二十五%に残りの三島をくっつけると、ちょうど（面積で）五十、五十ぐらいの比率になる」と答え、さらに「政治決着以外には方法はない。プーチン大統領はロシアの中ではかなりの力を持っており、この人のいる間に決着を試みるべきだ。大統領に解決しようとする意欲があるのは確かだ」と、「ウィン・ウィン方式」解決案に歩み寄り、かつ、プーチン大統領を交渉相手として高く評価する発言を行っている。

その後、首相に就任した麻生は、二〇〇九年二月十八日、サハリンの州都ユジュノ・サハリンスクで、プーチンに代わったメドヴェージェフ大統領と首脳会談を行った。

その首脳会談のあと、麻生首相は再び、「向こうは二島、こっちは四島では全く双方は進展しない」「役人に任せているだけではだめ。政治家が決断する以外の方法はない」と記者団に話し、「ウィン・ウィン方式」を肯定するような発言を繰り返したのである。

さらに、麻生外相時代に外務次官を務めた谷内正太郎は二〇〇九年年四月十七日付の毎日新聞のインタビューで、「私は三・五島でもいいのではないかと考えている。〈中略〉面積を折半すると、三島プラス択捉の二十～二十五%ぐらいになる。実質は四島返還になる」と説明した。

これらの発言は、必ずしも、政府の正式声明ではない。谷内発言も、外務省の批判を受けて、のちに「そのような発言はしていない」と修正される。しかし、麻生外相＝首相時代に、政府上層部で「ウィン・ウィン方式」の解決案が協議されていたことを強く示唆している。

二〇〇九年五月十一、十二日、プーチン首相が日本経団連主催の経済フォーラムに出席するために、日本を訪問した。メドヴェージェフに大統領の座を譲っており、首相としての役割は主に経済問題で、外交問題は含まれない。しかし、麻生首相のほか、森喜朗、小泉純一郎など首相経験者との会談を重ねた。麻生首相との会談後の会見では、七月に予定されているＧ８サミットでは、日ロ首脳の間で、領土問題が話しあわれると説明された。

しかし、事態が急変する。五月二十一日、麻生首相は衆院予算委員会で、「ウィン・ウィン方式」を全面否定するような発言を行ったのだ。

「北方領土はいまだかつて一度として外国の領土となったことがない我が国の固有の領土であります。戦後六十年以上を経て、今現在もなおロシアによる不法占拠が続いているということは極めて遺憾なことだと、これは基本だと思っています」

麻生発言は、これまでの全面否定なのか、それとも、あまり深い意味なく、軽く発言したのか、真相は不明だ。しかし、参院の議事録を読む限り、外務省との間で、きちんと練ってきた政府見解であり、「ウィン・ウィン方式」への理解をすてて、「四島即時一括返還論」への逆戻りを示した外交方針転換だったように思われる。

五月二十九日、モスクワのクレムリンで行われた駐ロシア大使信任状奉呈式で、メドヴェージェフ大統領は河野雅治大使に対し、「日本がロシアの南クリル諸島への主権に対して疑いを差し挟む試みをしたと、指摘せざるを得ない」と発言した。麻生首相の「固有の領土論」および「不法占拠論」への明らかな反論である。信任状の奉呈式という場で、新任大使に呼びかける言葉ではなく、外交儀礼を失していた。それだけ、ロシア側は麻生発言を深刻にとらえ、かつ、怒りをぶちまけたといえる。しかし、流れは止まらない。これにとどめを刺すような議会決議が行われる。

六月十一日、衆議院は「北方領土問題等解決促進法（特措法）改正案」を全会一致で可決した。七月三日、参院も可決し、北方四島は「わが国の固有の領土」と正式に制定された。北方四島は、日本の法律上、「固有の領土」となった。法律を文字通り解釈すれば、日本政府は領土交渉を「四島返還」と理解するしかありえない立場になった。

七月八日から十日まで、イタリアで開かれたG８サミットでは、麻生首相、メドヴェージェフ大統領の首脳会談が開かれたが、領土問題については、何ら新しい提案もなく、冷ややかなムードで終わった。

ロシア議会は、日本の特措法改正批判の態度を打ち出し、下院（六月十一日）、上院（七月七日）が相次いで、決議を行った。決議は「南クリルに関する帰属の決定は、第二次大戦の疑う余地のない結果」だと主張し、さらに、「（日本の議会の決議は）相互に受け入れ可能な解決に向けて、日ロの善隣・相互尊重・建設的対話を行うという原則に反する決定をした」と非難した内容だった。交渉は話し合いの余地のない対立へ向かわざるを得なくなった。ロシア民族主義勢力を始めとして南クリル擁護論が高まり、ロシア政府・議会関係者が次々と北方四島訪問をし、ロシア軍関係者は北方四島の軍事増強を叫ぶまでになった。

二〇一〇年十月一日、メドヴェージェフ大統領は国後島を訪問した。ロシア国家元首としては初めての四島訪問だった。しかし、日本外務省はこれを予期していなかった。また、ロシア外務省もよく知らされていなかったようで、大統領側近集団が独自に決めた可能性が強い。そして、ロシアは北方四島を実効支配しており、現実に四島を領有していることを、日本に見せつけた形になった。

ロシアの専門家の中には「日本は四島を要求し、ロシアは二島か、四島かの間で揺れ動き、結局、考えられる将来にわたって二島も四島もないということになった」と総括した者もいた。

二〇一〇年十二月二十四日、年末恒例のＴＶ会見で、メドヴェージェフ大統領は国後訪問について、次のように語った。

「クリル諸島のすべての島はロシア連邦の領土である」

「しかし、これはわが同僚（日本）と仕事をする用意がないということではない。われわれは共同経済計画を実現する用意がある。クリル諸島で起きたさまざまな歴史経過を考慮する用意はある」

メドヴェージェフ大統領は、クリル諸島はロシアの領土であるとの原則論を披露したあと、「共同経済計画」を進めたいと説明した。日本側の反応を探っていたのである。

しかし、日本側からの具体的な反応はなかった。当時の民主党政権は政権奪取したばかりで、きちんとした外交方針も戦略もなかった。

するとメドヴェージェフ氏は二〇一二年七月三日、再び、「国内視察」を名目に国後島を訪問した。本当は択捉島を予定していたが悪天候で、国後島訪問に変更したとされる。国後島での発言は次の通りだった。

「ここはわれわれの土地。一センチであろうと（誰にも）渡さない」

メドヴェージェフ氏の発言は、第一回訪問より強硬な姿勢に変化しており、もはや、領土交渉の余地も、譲歩もないという態度である。

では、プーチン氏は何を考えていたのか？　プーチン氏は、メドヴェージェフ氏の第二回目の国後訪問の四か月前の二〇一二年三月二日、第三期大統領就任直前の記者会見で次のように語っていた。

「われわれは中国との間で、国境問題の解決の交渉を四十年間にわたり続けてきた。そして、(中ロの)国際関係の水準および内容が今日の状況にまで達成した時に、われわれは妥協案を見出した。私は日本とも同じことが起きることを期待している」

「われわれは、あなた方とともに、柔道家のように、勇気ある歩みをしなければならない。何らかの勝利を目指してはならない。それは(柔道の)〝引き分け〟みたいなものだ」

プーチン氏は、中国との領土交渉を例に出しながら、双方の妥協による問題解決を求めた。内容は不明だが、柔道用語の「引き分け」との言葉を使いながら、明らかに「ウィンウィン方式」を示唆したといえる。「一センチたりとも渡さない」と発言したメドヴェージェフ氏とは、明らかに違う考え方にあった。

プーチン氏は、二〇一二年の大統領就任前に、「二十一世紀のロシアの発展のベクトルは東方への発展だ」と宣言していた。

さらに二〇一三年の大統領教書でも「ロシアの太平洋地域への展開とわが国の東部地域のダイナミックな発展は経済分野での新しい可能性や地平線を広げるばかりでなく、活発な外交を実施する新たな道具になることを信じて疑わない」と表明した。

プーチン大統領のすすめる東方戦略の背景には、強大化する中国とどう付き合うかという問題が広がっていた。中国の経済力は、すでにロシアの五倍以上の規模に膨張し、その差は開くばかりだ。二国関係では、ロシアは、もはや中国と対等に付き合うことはできない。誰か、有力な同盟国、もしくはパートナーが必要である。

そして、日本はその有力候補である。しかし、日本をパートナーとするためには、領土問題を片づけなければならない。双方が勝利する〝ウィンウィン〟の「引き分け」関係に持ち込むことができるならば、対中共同戦略を作成することができるとなる。

この対中戦略の構築については、ロシアだけの問題ではなく、日本の問題でもある。二〇一二年五月、第三期プーチン政権が誕生し、さらに同年十二月安倍政権が誕生すると、東方アジア外交の展開を目指すロシアと、対中連携戦略を模索する日本が歩み寄る形となった。必然的に、日ロの関係改善を目指さねばならず、平和条約と領土問題の解決を長期的に考えねばならないとの認識が高まった。

プーチン大統領が登場した二〇〇〇年以降、二度にわたり政権の座につき、ロシアとの交渉を経験した安倍晋三は、日本の首相としては珍しく戦略論を好む人物で、ロシア側も、この日本の動きに大きな関心を寄せた。

ちなみに、安倍首相の祖父は、岸信介元首相で、どちらかというと欧米主義者というよりは、自主独立のアジア主義者に近い。一九五六年の保守合同で成立した自由民主党初代幹事長で、当時の鳩山一郎政権の大黒柱だった。「五六年共同宣言」合意を裏から支えた人物でもある。安倍晋三首相は、祖父・岸信介の考え方を継いで、日ロ交渉に大きな意欲を持っている可能性は強いのである。

しかし、この日ロ接近の動きは、二〇一四年に起きたウクライナ危機により、とん挫することになる。欧米諸国が対ロ経済制裁に乗り出し、日本もこれに同調したため、領土交渉どころではなくなったのだ。

プーチン大統領は、二〇一四年五月の各国通信社代表との会見の中で、「われわれは（日本と）交渉する用意がある。しかし最近、何かよくわからない制裁措置に加わると聞き、驚いている。なぜ日本なのか？　日本は交渉の用意があるのか？」と発言し、日本が欧米諸国の対ロ制裁に加わったことは理解できないとの立場を示し、間接的に、現状では領土交渉はできないとの立場を表明した。

歩み寄った日ロのつながりは、プッツンと切れて、再び振り出しに戻った印象にある。それでも日ロは今後、大国へと成長していく中国にどのような立場を取るのか、どのような戦略を構築するのか、双方が戦略を噛合わせる時期がやってくる可能性が強い。その際に、領土問題をどうするのか、再び根本的な話し合いをせねばならなくなる。

二〇一六年秋現在、安倍首相とプーチン大統領の間で日ロのせめぎあいは続いている。そして、この二人の首脳が立ち去ったあとも、このせめぎあいは続く可能性が強い。領土交渉がまとまらない限り、日ロ間に正常な関係は打ち建てられないのである。

おわりに

領土問題というと、日ロ間の条約の細かな解釈や歴史的経過を微に入り細にわたり論議する政府関係者や研究者は多い。特に、外務省条約局は締結された条約を金科玉条のごとく取り扱い、うまくいかない場合は、条約の解釈論で、主張を通そうとする傾向が強い。しかし、もっと考慮されてしかるべきは、人々の考え方、感情、集団心理ではないかと考える。

そのことを考えながら、最後に日ロの領土問題の考え方について、もう一度、総括してみたい。

まず、ロシア側。ロシア政府の立場をまとめれば、千島とサハリン南部の領有権については、米英ソのヤルタ会談で決まった。この決定を土台に、ソ連軍は対日戦争を開始し、多大な損害と犠牲を払った。また、ポツダム宣言により、日本には無条件降伏が突き付けられ、日本はこれを全面的に受け入れた。ロシアの千島領有は合法的なものである——ということになる。

これに対し、ロシア国民はそんな法律論議はあまり知らず、もっと単純である。そもそも日本はドイツ、イタリアなど枢軸国とともに、不正な行為を働き、米英ソの連合国はこれを罰した。戦争に負けた国には発言権はない。歴史は戦争が国境線を決めてきたことを教える。欧州では何度も国境線が変わったが、第二次大戦後に決まった国境線はもはや変更しないことで一致した。国境線を変えると、再び戦争が起きる。ソ連は対日戦で大きな損害を受けた。その補償として、領土を受け取るのは当然だ——ということになる。

日本政府が主張する大西洋憲章による「領土不拡大の原則」など知る人はほとんどいない。また、日本政府が主張する「固有の領土」という概念の理解もない。ロシアの固有の領土は、どこかと尋ねられれば、ロシアでは答えられる人はほとんどいないだろう。そもそも領土はその時々によって変わるというのが一般的理解である。

では、日本側はどうか？　日本政府の主張は、千島や樺太は日本の不当な暴力行為で権利を勝ち取ったものではない。ロシアが一方的に占領・支配する権利はない。大西洋憲章でも、領土の拡大はしないと宣言されている。サンフランシスコ条約を署名したが、歯舞・色丹はもともと北海道の一部である。国後・択捉は日本の固有の領土であり、放棄したクリル列島には含まれない。そして、ソ連はサンフランシスコ条約に署名していない。同条約について、法的な発言権はない——となる。

日本社会の大半の人は、上記のような細かい議論は、ロシアと同様に、しないのではないかと思う。多くの人が思っていることは、戦後に決められた条約は、内容がどうあれ、日本は不当に千島を占領され、不当に島民が追放された。さらに、満州を中心に、ソ連占領下に入った日本兵士約六十万人がシベリアに連行され、不当な強制労働を強いられた。どうみても、第二次大戦末期のソ連の行動は不正義である——となる。

シベリア抑留と千島の領土問題は、法的には別の問題である。しかし、シベリア抑留に対する不満と怒りが領土問題に大きく影を投げかけている。六十万人の抑留者のうち、約一割の六万人以上がシベリアの寒さと飢えの中で死亡したという事実は、簡単に消えてなくなるものではない。その感情は常に表面に浮上する可能性を含む。時には、「ロシアは土下座して、謝れ」という感情で爆発する。

これは条約論や歴史解釈ではない。しかし、領土問題を考える際には無視できない背景となる。麻生太郎が「ウィン・ウィン方式」による四島の折半分割案について、「ひとつの考え方だが、双方が納得するかどうかですよ」と論評している。その際の双方というのは、交渉担当の政府関係者や役人の裏に控える一般国民、一般社会のことであり、これは理屈ではなく、感情の問題だということになる。だから、「役人では決められません。政治的決断するしかない」との言葉になる。

結局、領土問題の解決には、双方の役人・関係者の周到な準備が必要だが、それだけでは解決しない。何らかの政治主導の世論への働きかけが必要で、世論が準備できていない場合は、交渉はまとまらないし、領土問題も解決できないということになる。

もう一つ、付け加えるならば、北方領土問題というのは、第二次大戦の結果、起きた問題で、第二次大戦をどうとらえるのか、という歴史認識問題と深くつながっている。それは、また、日ロの二国間の問題だけではないことを示唆する。さらに、領土問題に関わる日ロの交渉を見ていると、その時代の国内外の政治・経済状況が深く絡んでいることが分かる。

「五六年共同宣言」の背景には、スターリンの死去とフルシチョフの平和共存外交路線の展開があった。ゴルバチョフ、エリツィン時代の日ロ交渉は、ソ連崩壊という歴史抜きには考えられない。さらに、プーチン大統領政権時代の日ロ交渉の背景には、ソ連崩壊後のロシアの再生を必死に模索するプーチンの国家戦略と強大化する中国の存在があった。

領土問題の解決は、日ロの二国関係だけで決まるものではなく、時代の流れに影響され、その中で、国家のあり方を考え、領土問題の解決を目指すということになる。

ソ連崩壊後に日ロ交渉に携わった日本外務省の東郷和彦は、領土交渉について、次のような説明をしている。領土交渉の解決は①力（軍事）で奪い返す②交渉で返してもらう③問題解決を先送りする――の三つしかない。日本は①という選択はない。②の返してもらうように説得するしかない。つまり、ロシア側が返還する気持ちになるように、何度も説得することのほか、日本には手がないということになる。

その一方で、北方領土問題については、領土の返還が目的なのか、ロシアの不正義、悪を糾弾し、謝罪させることが目的なのか、日本社会では、はっきりとした見解の一致がない。もやもやとした感情が残っている。どちらが重要なのかは、その人によって意見は分かれる。

唯一言えるのは、「ロシアは領土を返還したらさっさと、どこかへ行け」というような態度では、ロシアは領土問題で譲歩をすることは絶対にないということである。領土問題解決による戦略利益を見出すような道をロシア側に差し示すことが肝心であり、日ロ間の国家戦略が一致した時に、北方領土問題の解決の扉が開く。

ゴルバチョフ大統領は、日ロ交渉に関して、次のような有名な言葉を残している。「ロシアは日本なしにも、生きていける。日本もロシアはなしに生きていける。このような状況では、双方が懸命な努力をしない限り、問題は解決しない」

資料編

【ミニ年表】

▼豊臣秀吉、蠣崎慶広（のちの松前藩）に、アイヌとの交易管理権付与。
▼1581年（?）、エルマーク、シベリア遠征開始。
▼1639年、ロシアのコサック、太平洋岸へ。
▼1711年、ロシア人、クリル諸島へ。
▼1738年、ロシア船、ウルップへ。
▼1754年、松前藩、国後を直轄に。
▼1786年、江戸幕府、蝦夷地へ調査。最上徳内、択捉へ。
▼1855年、日露和親条約。
▼1875年、樺太・千島交換条約。
▼1905年、ポーツマス条約。
▼1941年8月、大西洋憲章。
▼1942年11月、カイロ宣言。
▼1945年2月、米英ソのヤルタ会談。
同4月5日、ソ連、中立条約破棄。
同7月、対日ポツダム宣言。
同8月8日、ソ連、対日宣戦布告。翌9日未明、攻撃開始。
同8月15日、終戦の詔書。
同9月2日、降伏文書に調印。
▼1949年、中華人民共和国成立。
▼1950年、朝鮮戦争勃発。
▼1951年、サンフランシスコ条約。
▼1953年3月、スターリン死去。
▼1955年1月、ドムニツキー、鳩山首相にソ連書簡を提出、日ソ交渉開始へ。
同1月、アリソン米大使、3項目指示。
同4月、アリソン大使の覚書。
同11月、自民、民主の保守合同。4島返還の新党決議。
▼1956年2月、政府統一見解。
同2月、ソ連、スターリン批判。
同8月、ダレス米長官の〝恫喝〟。
同10月、日ソ共同宣言。
▼1960年、日米安保条約改定。
▼1991年4月、ゴルバチョフ訪日。
同9月、クーデター未遂事件。
同12月、ソ連崩壊。
▼1993年、エリツィン訪日。東京宣言。
▼1997年7月、橋本首相、ユーラシア外交演説。
同11月、クラスノヤルスク合意

▼１９９８年、川奈秘密提案。
▼２０００年9月、プーチン訪日。
▼２００１年3月、イルクーツク宣言。
同4月、小泉政権成立。
▼２００４年、中ロ国境交渉、ウィン・ウィン方式で解決。
▼２０１０年、メドヴェージェフ大統領、国後訪問。

【ミニ用語辞典】

◎**日露通好条約**（下田条約）＝１８５５年2月7日、伊豆・下田で、日ロ間で初めて締結された条約。筒井肥前守、川路左衛門尉とプチャーチン提督が調印。択捉とウルップの間が日ロ国境と決められた。

◎**樺太・千島交換条約**（サンクトペテルブルグ条約）＝１８７５年5月7日、榎本武揚・特命全権大使とゴルチャコフ外相が調印。樺太全島をロシア領とし、千島列島はすべて日本領と確認した。

◎**ポーツマス条約**＝日露戦争終結を受けて、１９０５年9月4日、日ロの間で交わされた講和条約。小村寿太郎外相とウィッテ全権代表が調印。樺太（サハリン）南部の北緯50度以南を日本に割譲と決めた。

◎**大西洋憲章**＝１９４１年8月14日公表。大西洋上で、ルーズベルト米大統領とチャーチル英首相が決めた第二次大戦後の世界秩序構想。戦後の「領土不拡大」の原則を打ち出した。

◎**カイロ宣言**＝１９４３年11月22日からカイロで、ルーズベルト米大統領、チャーチル英首相、蒋介石・中華民国政府主席の３人が会談し、12月１日発表した声明。「暴力と貪欲により略取した」日本の領土の剥奪などを決めた。

◎**ヤルタ会談**＝１９４５年2月4日から11日にかけて、ソ連のクリミア半島保養地ヤルタで、ルーズベルト米大統領、チャーチル英首相、スターリン・ソ連首相の三首脳が第二次大戦の戦争処理を協議した。千島と樺太南部をソ連領とする密約も決まった。

◎**ポツダム宣言**＝１９４５年7月、トルーマン米大統領、アトリー英首相、スターリン・ソ連首相の三首脳がベルリン郊外ポツダムで、第二次大戦処理を協議し、７月26日対日無条件降伏を発した。

◎**日ソ中立条約**＝１９４１年4月13日、松岡洋介外相とモロトフ・ソ連外相の間で締結された。しかし、ソ連は１９４５年4月5日、条約破棄を通告し、３か月後に対日戦争を開始した。日本側は条約違反と非難する。

◎**サンフランシスコ条約**＝１９５１年9月8日、米国サンフランシスコで開かれた日本と連合国間の第二次大戦終結の平和条約。52か国が参加したとされるが、ソ連は署名せず、社会主義諸国の多くが欠席し、このため「単独講和」とも呼ばれた。日本は千島を放棄すると明記された。

◎**1956年日ソ共同宣言**＝1956年10月19日、鳩山一郎首相とブルガーニン・ソ連首相の間で取り交わされた。平和条約の締結後、歯舞・色丹を日本へ引き渡すと明記された。

◎**5段階解決方式**＝1991年1月16日、エリツィン（のちのロシア大統領）が東京のアジア調査会で発表した領土問題解決案。①領土問題の存在の確認②自由企業活動地区の設定③非軍事化④平和条約の締結⑤次世代に解決を委ねる――の5段階解決。

◎**東京宣言**＝1993年10月13日、細川護熙首相とエリツィン大統領が調印した共同宣言文書。北方四島の領有問題の存在の確認と「法と正義」の原則に基づく解決で一致した。

◎**ユーラシア外交**＝1997年7月24日、橋本龍太郎首相が経済同友会で発表したソ連崩壊後の対ロ新戦略。

◎**クラスノヤルスク合意**＝1997年12月7日、橋本龍太郎首相とエリツィン大統領がシベリアのクラスノヤルスクで、ネクタイ抜きの非公式会談後に発表した合意声明。「2000年までに平和条約締結で全力を尽くす」との内容。

◎**川奈秘密提案**＝1998年4月19日、伊豆半島の川奈で開かれた橋本龍太郎首相とエリツィン大統領の会談の際、日本側から出された非公表提案。「北方四島の主権は日本に帰属するが、4島の返還などは直ちには求めない」との内容とされる。

◎**二島先行返還論**＝森喜朗政権時代に日本側から出された返還論で、北方四島のうち歯舞・色丹と国後・択捉の二つを分け、前者を先に返還させる段階的領土解決論。鈴木宗男衆院議員が推進したとされる。

◎**並行協議**＝2001年3月25日、シベリアのイルクーツクの森喜朗首相／プーチン大統領会談で、日本側から出された提案。歯舞・色丹の返還手続きと国後・択捉の領土帰属交渉の二つを並行的に進めるもの。

◎**ウィン・ウィン解決方式**＝2004年秋、中ロ間の国境画定交渉で採用された「双方が納得する解決案」の意味で、係争領土の折半の解決方式。プーチン大統領は、日ロの間でも同様な解決方式を採用すべきだと主張した。北方四島で、領土折半を行うと、3島返還もしくは3・5島返還になるとされる。

【参考文献】

★『菜の花の沖1〜6』司馬遼太郎（文春文庫ほか）
★『黒船前夜』渡辺京二（洋泉社）
★『毛皮と人間の歴史』西村三郎（紀伊國屋書店）
★『日露領土紛争の根源』長瀬隆（草思社）
★『クリル諸島の文献学的研究』村山七郎（三一書房）
★『日ソ外交事始』藤野順（山手書房新社）
★『北方領土開拓史』推理史話会（波書房）
★『日露２００年』ロシア史研究会（彩流社）
★『北方領土問題』和田春樹（朝日選書）
★『北方領土問題と日露関係』長谷川毅（筑摩書房）
★『北方領土問題』岩下明裕（中公新書）
★『新版日露国境交渉史』木村汎（角川選書）
★『遠い隣国』木村汎（世界思想社）
★『北方領土』吉田嗣延（時事通信社）
★『8月17日、ソ連軍上陸す』大野芳（新潮社）
★『北方領土解決の鍵』（謙光社）
★『北方領土の真実』中名生正昭（南雲堂）
★『千島占領』ボリス・Ｎ・スラヴィンスキー（共同通信社）
★『日ソ戦争への道』ボリス・スラヴィンスキー（共同通信社）
★『考証日ソ中立条約』ボリス・スラヴィンスキー（岩波書店）
★『日ソ中立条約の虚構』工藤美知尋（芙蓉書房出版）
★『暗闘』長谷川毅（中央公論新社）
★『ヤルタ』藤村信（岩波書店）
★『ヤルタ会談　世界の分割』アルチュール・コント（二玄社）
★「映像の世紀・勝者の世界分割・東西冷戦はヤルタ会談から始まった」ＮＨＫドキュメンタリー
★『サンフランシスコ講和』佐々木隆爾（岩波ブックレット・シリーズ昭和史№11）
★『サンフランシスコ平和条約の盲点』原貴美恵（渓水社）
★『国際法からみた北方領土』高野雄一（岩波ブックレット№62）
★『千島問題と平和条約』不破哲三（新日本出版社）
★『モスクワにかける虹』松本俊一（朝日新聞社）
★『クレムリンへの使節』久保田正明（文芸春秋）
★『戦時日ソ交渉小史』油橋重遠（霞ヶ関出版）
★『日ソ交渉の舞台裏』新関欽哉（ＮＨＫブックス）
★『検証日露首脳交渉』佐藤和雄、駒木明義（岩波書店）

★『北方領土特命交渉』鈴木宗男、佐藤優（講談社）
★『国家の罠』佐藤優（新潮社）
★『反乱』鈴木宗男（ぶんか社）
★『日露外交秘話』丹波實（中央公論新社）
★『わが外交人生』丹波實（中央公論新社）
★『北方領土交渉秘録』東郷和彦（新潮社）
★『日本の領土問題』保坂正康、東郷和彦（角川書店）
★『雷のち晴れ』アレクサンドル・パノフ（日本放送出版協会）
★『外交の戦略と志』谷内正太郎（産経新聞出版）
★『日本の国境問題』孫崎享（ちくま新書）
★『中・ロ国境4000キロ』岩下明裕（角川選書）
★『国境・誰がこの線を引いたのか』岩下明裕編（北海道大学出版会）
★『これならわかる日本の領土紛争』松竹伸幸（大月書店）
★『日本の領土』芹田健太郎（中公叢書）
★『密漁の海で』本田良一（凱風社）
★『わしズム　Vol.26　北方の切迫　南方の危機』小林よしのり責任編集長（小学館）
★『北方領土は泣いている』斎藤勉、内藤泰朗（産経新聞出版）
★『日露戦争が変えた世界史』平間洋一（芙蓉書房出版）
★『図説世界の紛争がよくわかる本』毎日新聞社外信部（東京書籍）
★『「図説」世界の紛争地域』橋本光平（ＰＨＰ研究所）
★『アジア国境紛争地図』鹿嶋海馬（三一書房）
★『ワケありな国境』武田知弘（彩図社）
★『世界紛争・軍備地図』ダン・スミス、アネ・ブレーン（ゆまに書房）
★『われらの北方領土』資料編（外務省）
★『日ソ基本文書・資料集』茂田宏、末澤昌二編（世界の動き社）
★『北方領土史　資料編』上田哲編（政治刷新同友会）
★『史料検証　日本の領土』伊藤隆監修、百瀬孝著（河出書房新社）

＊北方四島関連の文献や資料は多数あり、最近発行の文献を中心に、各章の内容に沿う形でその一部をとりあげた。今回の執筆の際に、特に参考とした『北方領土問題』（和田春樹）と『新版日露国境交渉史』（木村汎）の両書の巻末には、詳しい文献リストがあげられている。

第二部　千島はだれのものか　先住民・日本人・ロシア人

はじめに

千島列島について語ろうとすれば、否応無しに領土問題という認識の枠組みに縛られてしまう。日本では列島南部だけを描いて北海道との近接性を強調する地図が、北方領土問題啓発用に大量に出回っている（図4。『日本の北方領土』在ロシア日本国大使館（一九九二年））。一方ロシアでは列島全体が提示されるのが常だ。一九九七年に制定されたサハリン州旗のデザインは、サハリン島と千島列島をV字型に繋いで北海道を消し、州の一体性を誇示している（図5）。

視野を広げて北太平洋の地図を眺めてみると、カムチャツカ半島と北海道の間に横たわる千島列島が日本とユーラシア大陸を結んでオホーツク海を形成していることがわかる（図6）。千島列島は約千二百キロにわたり、大小三十の島々と多数の岩礁から形成される。総面積は一万平方キロにおよび、最大のエトロフ島は三千平方キロをこえて京都府に匹敵する。千島火山帯が走る列島には標高千メートル以上の山が六十座あり、最高の阿頼度山《アライド》（阿頼度島）は二千三百三十九メートルだ。島々にはユニークな植物相と動物相が見られ、近海は世界有数の漁場として知られる。

図4

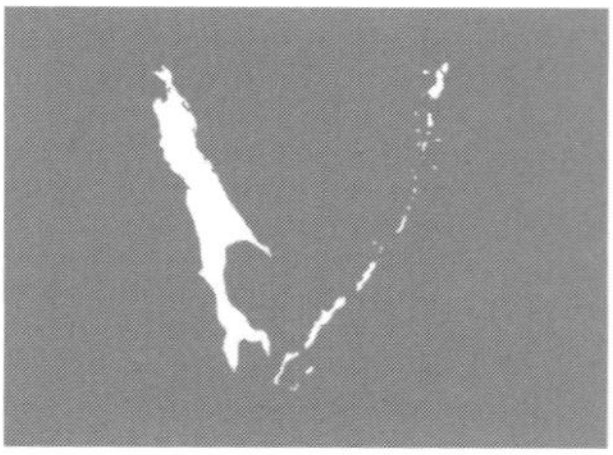
図5　サハリン州旗

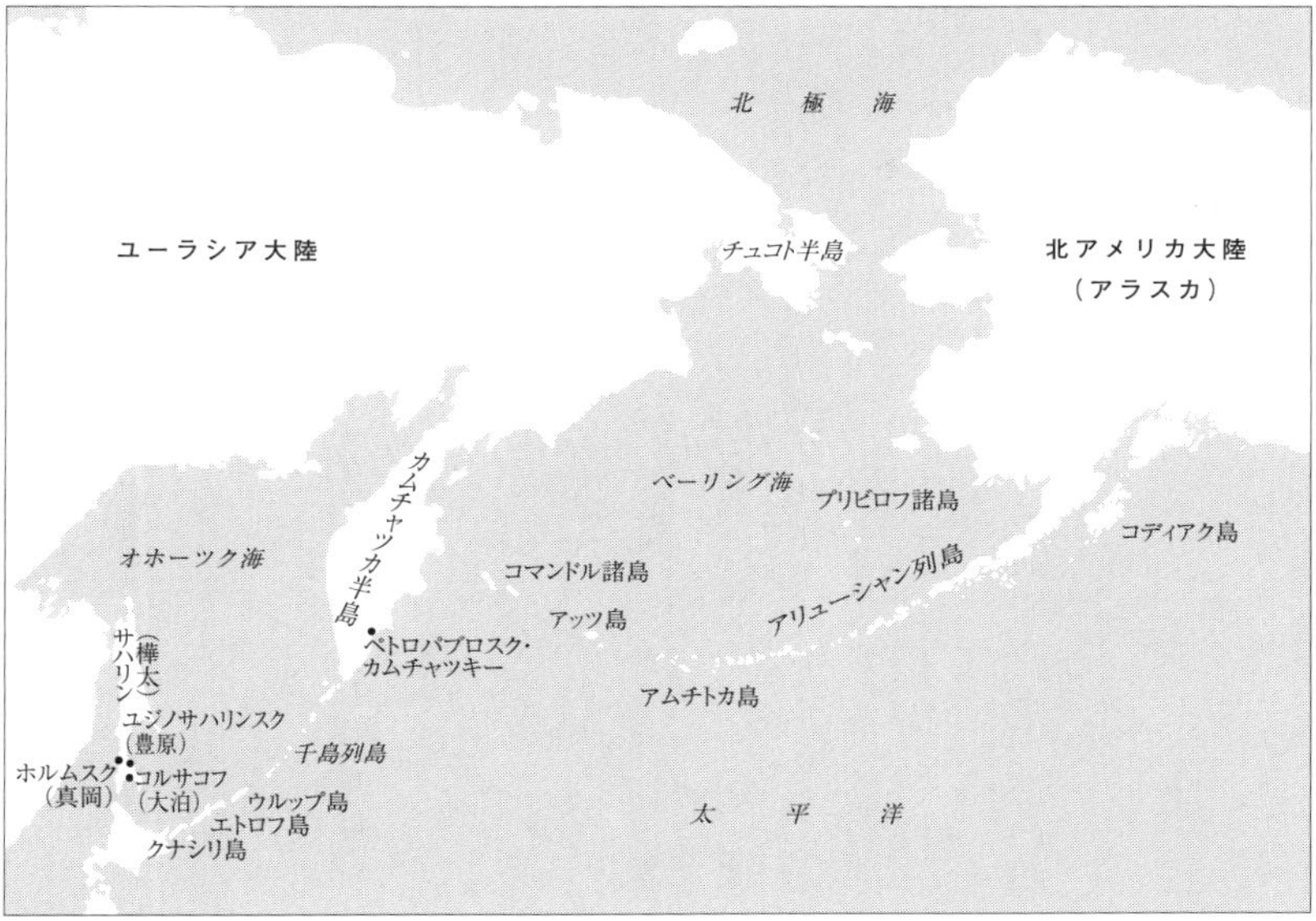

図6　北太平洋

千島列島を北上すればカムチャツカ半島からチュコト半島を経て北極海に出るし、カムチャツカ半島からアリューシャン列島を経て北米大陸にも通じる。逆に南下すれば日本列島と南西諸島を経て台湾に至る。つまり、千島列島はユーラシア東側の海洋域に位置して大陸や島嶼《とうしょ》を繋ぐ踏み石と言える。

この踏み石の上で邂逅した日本とロシアは、一八五五年に日魯通好条約を結んでウルップ島とエトロフ島の間に国境線を引き、樺太（サハリン）については境を定めず従来どおりとした。二十年後の一八七五年に日ロは改めて樺太千島交換条約を結び、樺太はロシア領、千島全島は日本領とした。これによって千島列島を分断していた国境線は、列島北端に移動した。日露戦争後のポーツマス条約で日本はロシアに南樺太を割譲させ、一時期は樺太全島を占領していたが、第二次世界大戦末期にソ連が一気に樺太、千島を占領したため、

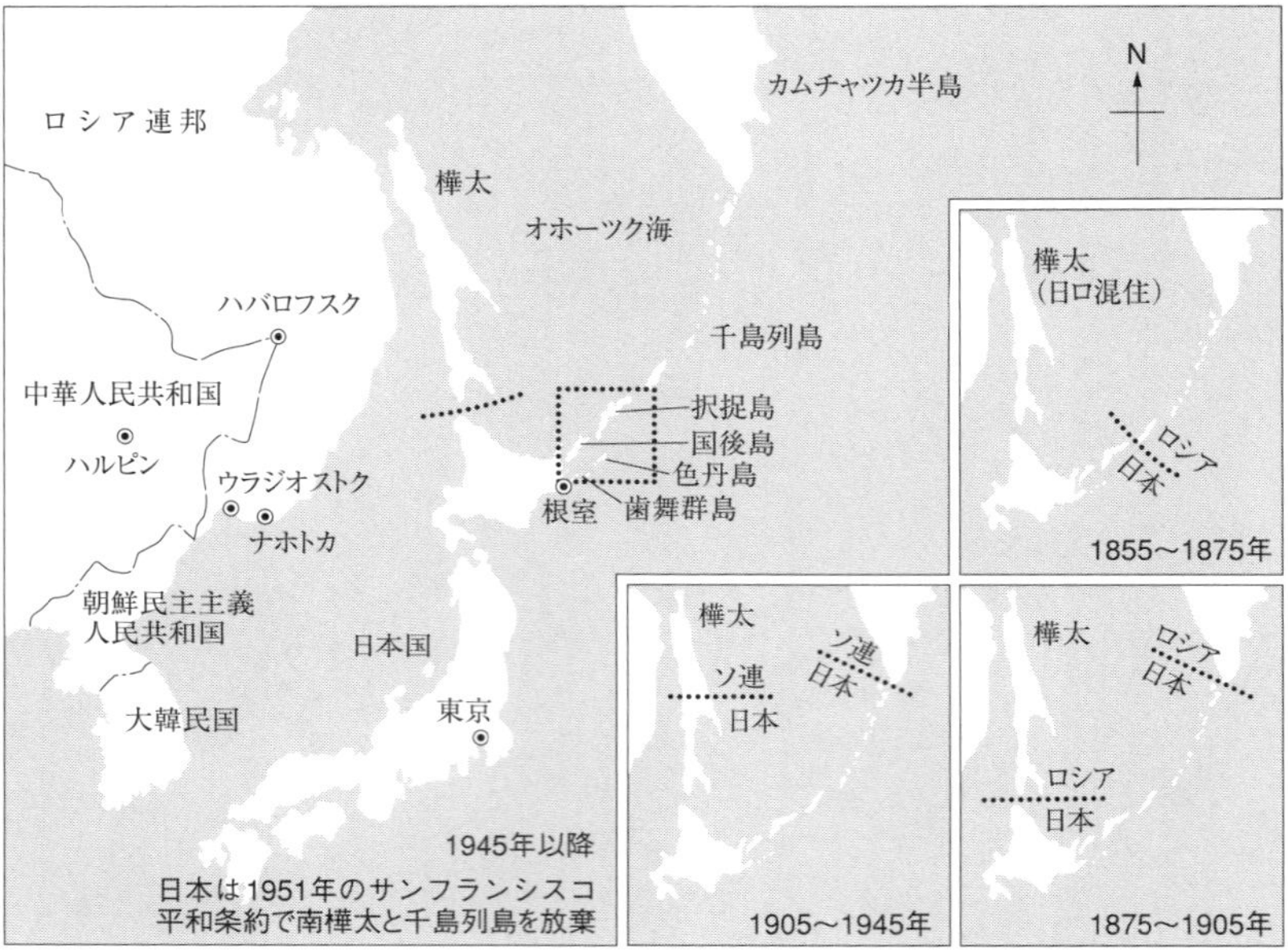

図7　日ロ国境の変遷（原貴美恵『サンフランシスコ平和条約の盲点』より。表記を一部改めた）

千島南端と北海道東岸の間が事実上の「国境線」となって現在に至っている（図7）。

日ロの係争地となり、両国が自国領として地図に描いている島々の実態について私たちはどれだけ知っているだろうか。本書の目的は、日ロ国境が千島列島という土地に何を引き起こしたか、列島住民にとって国境は何を意味するかを千島列島を視座の中心に据えて考えることだ。中央の視点で周縁を眺めるのではなく、千島という辺境に立って国境線を引かれる側の事情を示すことだ。国境線の確定とその変更は千島住民の生活にどのような影響を与えたのか、先住民、日本人、ロシア人が列島上に形成した三つの共同体の盛衰をたどることによって明らかにしたい。なお、ソ連もロシアも多民族国家なので、ここで言う「ロシア人」にはロシア民族以外の諸民族も含まれる。

ところで、「千島列島」という表記自体がす

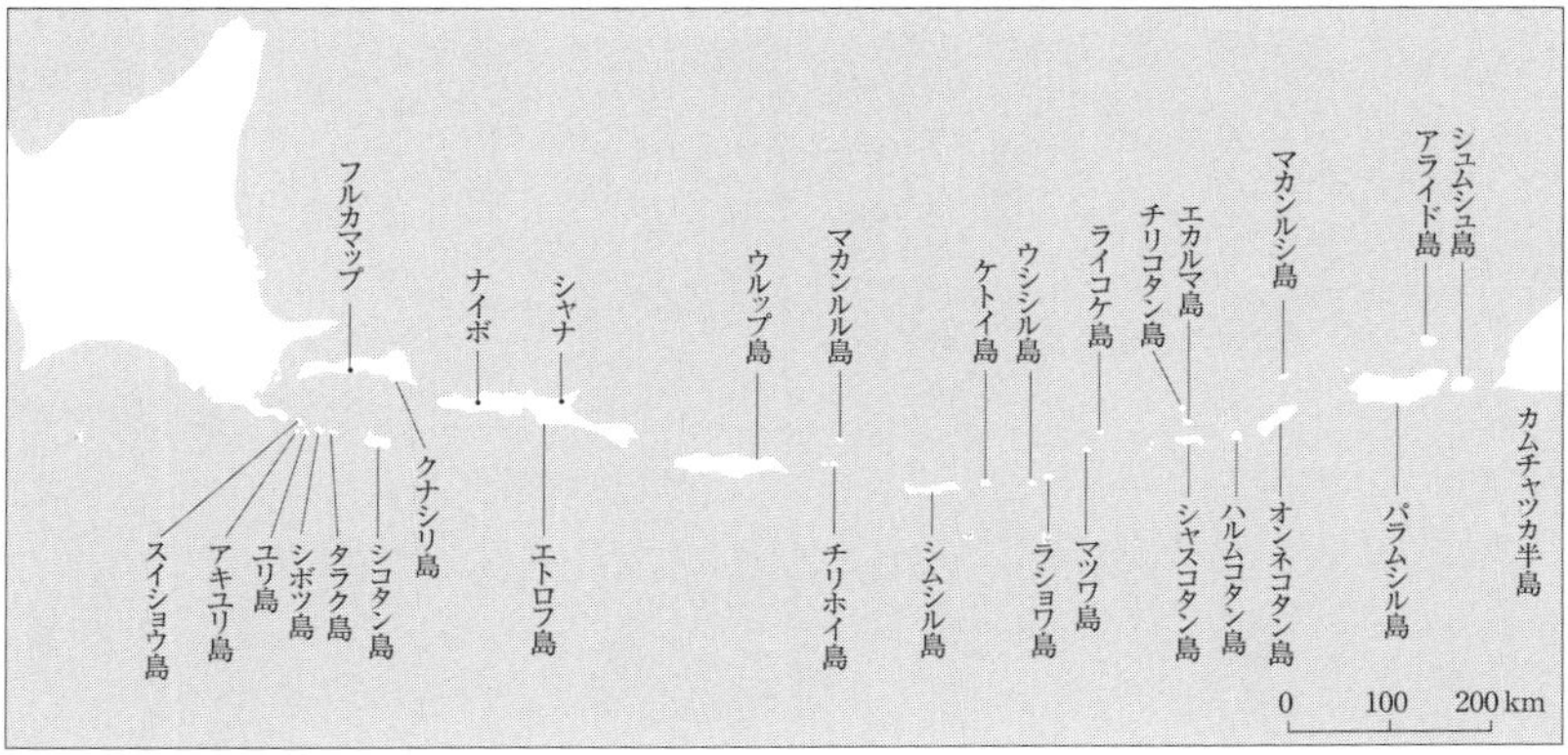

図８　千島列島

でに領土問題の難関に入りこんでいる。深く立ち入らないが（それだけで紙面が尽きてしまうから）、千島の範囲について様々な論争がある。日本政府の公式見解によると千島列島はウルップ以北の島々であり、「北方領土」（択捉《エトロフ》島、国後《クナシリ》島、色丹《シコタン》島、歯舞《ハボマイ》群島）は含まれない。ただし、これは「政治的」千島であり、「地理的」千島はシュムシュからクナシリまでを指すのが一般的だ。シコタンとハボマイは北海道の一部と考えられている。国際的には千島列島はクリル列島と呼ばれる。ロシアではシュムシュからクナシリまでは大クリル列島、シコタンとハボマイは小クリル列島と呼ばれ、「北方領土」は「南クリル」として知られている。ただし、行政区分に従うとエトロフ島はクリル地区、クナシリ以南は南クリル地区に属する。日本で使われる「南千島」は、エトロフ・クナシリを指す場合、それにシコタンを加える場合、さらにハボマイも含める場合がある。

とにかくややこしいので、本書では便宜的に（あくまで便宜的に）カムチャツカ半島先端から北海道東岸に連なる島々をまとめて「千島」あるいは「クリル」と呼ぶことにする。「北方領土」と「南クリル」も同義で用い、ハボマイ群島を一島と数える「北方四島」などの数量表現も使う。

列島の名称にも触れておこう。千島という名前の由来は平安時代にさかのぼる。えぞが住む千島を意味する「えぞが千島」は東北北部を指していたが、時代を経て北海道を指すようになり、最終的には明治維新後の一八六九年にエトロフとクナシリが「千島国」と命名された。

クリルの語源は「人」を意味するアイヌ語「kur」で、それを先住民のカムチャダール、さらにロシア人が変形させて「kuril」になった。火山の多いクリル列島を見たロシア人が、「煙を吐く」を意味するロシア語「Kurit'」から名づけたという俗説は誤りだ。

千島の地名は三重構造だ。ほとんどはアイヌ語名称で、後から来た日本人がそれに漢字を当て、ソ連による占領後には、かなりの地名がロシア風に変更された。漢字表記は読みが難しいので本書では原則としてカタカナ表記を用い、初出のロシア地名には括弧内に元の日本名を記す。また、引用文の旧仮名遣いは読みやすくするために新仮名遣いに変えた。

前置きが長くなったが、いよいよ千島列島に足を運んでみよう（図8）。

第一章　千島の先住民

国境のない千島

日ロ合同の本格的な発掘調査が行われないため、千島の先史時代には不明な点が多いが、すでに旧石器時代に北はカムチャツカ半島からシュムシュ島へ、南は北海道からクナシリ島とエトロフ島へ人が渡って住んでいたことが知られている。七世紀から十二、十三世紀のオホーツク文化、その後の擦文《さつもん》文化を経て、十七世紀の千島は近世アイヌ文化の圏内にあった。

十八世紀になると列島北部には千島アイヌ、カムチャダール、アレウト（アリュート）が住み、カムチャツカ半島南部との繋がりがあった。列島南部には北海道一帯と同じ蝦夷アイヌ（北海道アイヌ）が居住し、北海道東部との繋がりが深かった。かれらは明確な政治機構をもたず、血縁からなる家族集団が首長のもとに小規模なコタン（村）をつくって原初的な狩猟・漁労・採集生活を送っていた。ウルップ島はラッコの生息地だったが定住者はおらず、北と南の双方のアイヌがラッコ猟に訪れる入会地《いりあいち》になっていた。南北のアイヌは言葉が通じ合い、ウルップでは交易も行われていた。

当時の南千島のアイヌについては、日本人漂流民の見聞などから次のようなことが知られている。エトロフ・クナシリ・シコタン・ハボマイ群島にアイヌが住んでいた。かれらはクマ・キツネ・ラッコ・アシカなどの毛皮を着て、耳に金属の飾りをつけ、裸足で歩いている。漂流民の木綿の衣類や船にある金属類はすぐに持っていかれる。髪は結わずに四方に伸び、女性はおかっぱで、男女ともに体は毛深く、眉は左右が続いているようだ。女性は唇、腕、手に入れ墨をしている。外見は恐ろしげだが、人の心は素直であること、衣類を剥ぎ取られそうになったが老年であることを示すと奪われずにすんだとの証言も残っている。

アイヌはカレイ・サケ・鳥獣・フキなどを食べ、家の中心に炉があるチセに住み、常に弓を持ち歩いて猟がうまく、ラッコ・アザラシ・クジラなどを獲って和人と交易していた。十八世紀になると「おってな」と呼ばれる有力者の存在がみられ、かれらは四、五人の妾《めかけ》を持ち、漂流船の貴重品を独占した。

北海道アッケシの有力アイヌのイコトイは、数十人の手下や家族を従えてウルップまでラッコ猟に出かけることもあった。エトロフのアイヌもウルップ以北の島々に渡ってラッコ、アザラシ、鷲の羽などを獲ってはクナシリやアッケシの運上屋《うんじょうや》に持ち込んで米、麹、酒、タバコなどと交換していた。一八〇〇年の人別帳には、エトロフ島だけで千百十八人のアイヌが記録されている。

気候が厳しい北千島の先住民は南に比べて人口が少なく、竪穴住居に暮らし、完全な定住ではなかった。千島アイヌはロシア人からは「クリル人」と呼ばれていた。カムチャダールはカムチャツカ半島から南下して住みついたことが知られているが、アリューシャン列島の先住民であるアレウトがなぜ北千島に定着したのかは明らかでない。千島アイヌに伝わっている話によると、ロシア人が来るずっと前に船に乗ったアレウトがやってきて住むようになったという。このアレウトとは別に、十九世紀にロシア人がラッコ猟をさせるために中部千島に送り込んだアレウトがいる。

一七四三年にはシュムシュとパラムシルに二百五十六人、オンネコタンに九十七人、一七六六年にはシュムシュからウシシルに二百六十二人が住んでいたという。かれらは移動することが多いので、正確な人口の把握は難しかった。さらに後の調査によると、千島アイヌは二つの居住地を持っていた。一つはコタン＝バと呼ばれる永住的なもので、もう一つは季節が来ると狩猟や漁労に出かけるオンルフスシ（漁場）と呼ばれる一時的なものだ。

千島アイヌは男女ともに水鳥や鷲の羽、キツネや海獣の毛皮でつくった防寒用の外套を着て、その下にはカムチャダールから取り入れた鹿皮のズボンとアシカ皮の下着を付けた。防寒性、耐水性に優れたトド・アザラシの毛皮や皮は帽子や長靴に用いられ、衣服の飾りにはエトピリカのくちばしや海獣の牙や骨が使われた。女性は蝦夷アイヌと同様に唇の周囲、腕、手の甲に入れ墨をし、男は唇の真中だけにしていた。カムチャツカの先住民に比べて千島アイヌは、はるかに礼儀正しく、誠実で、名誉を重んじ、柔和だったという。犯罪者がいないので刑罰制度もなかった。

千島列島の南北で暮らす先住民は小さな船で島から島へと移動し、列島内だけでなくカムチャツカ半島と北海道にも繋がっていた。かれらを媒介とした日本と大陸の間のダイナミックな物流が可能になり、鎖国中ではあったが、松前口はアイヌ交易を介して北方に開かれていた。しかし、二つの近代国家が列島の南北から本格的に乗り込んでくるにつれ、先住民が従来の生活を維持することはできなくなった。

ロシア人のクリル進入

十六世紀末から本格的にシベリアに進出するようになったロシア人は、十七世紀初めにオホーツク海に達した。猛烈な東進の動機は、貴重な毛皮を獲得して利益をあげ、未知の土地を探査してロシア帝国の版図を拡大することだった。猟師や商人、兵士や農民、流刑者やコサックたちが、征服した先住民からアマナト（人質）とヤサーク（毛皮税）を取り立てながら東を目指した。ロシア人が千島を南下したのは、ラッコやキツネの毛皮を手に入れるためだけでなく、日本を探し出すためでもあった。千島の南に日本国があるという情報を得たロシア皇帝は、日本との通商を望み、日本人漂流民を大切に扱って案内人や通訳に仕立てた。

一七一一年にカムチャツカ半島から北千島のシュムシュ島とパラムシル島に初めて渡ったロシア人は、反乱を起こして隊長ら三人を殺害したコサックと兵士たちだった。さしたる成果もなくカムチャツカに帰った彼らは、一七一三年に今度は五十五人の兵士を含む大がかりな武装集団を編成し、狩猟者や日本人漂流民まで連れて再び北千島に乗り込んだ。交戦してヤサークの徴収に成功し、北から数えて第十四島がクナシル、第十五島がマツマイで、そこに日本人の町があること、千島アイヌが日本人と交易していることなどの情報も得て帰還した。この年から北千島の先住民は次々と島に渡ってくるロシアの徴税人から毛皮を取り立てられ、それは一八三〇年にヤサークが廃止されるまで続く。

一七三一年のシベリア政庁の訓令はヤサークを島民一人につき毛皮一枚とし、この負担はそれほど重いものではなかったが、島を移動して猟をする先住民は別の島でも二重に毛皮を要求されたり、離島者や死亡者の分まで供出させられたりした。徴税人たちは私腹を肥やすために過剰に取り立てたり、人質をとったりしたので、島民たちの中にはロシア人が渡っていないチリコタン島やシムシル島など南の島に逃げ出す者もいた。これら「逃散人《ちょうさんにん》」を追ってロシアの徴税人も南下した。

コサック百人長チョールヌイは、当局からの訓令をことごとく破る横暴な徴税人としてその名をとどめている。逃散人を連れ戻すために南下した際に、先住民を漕ぎ手として酷使し、連れ戻そうとした千島アイヌが従わないと暴力をふるって死に至らしめた。結局チョールヌイは逃散した千島アイヌを北に連れ戻すことはできず、大陸に去った。一七七一〜一七七二年にかけてウルップ島とマカンルル島では、千島アイヌとエトロフの蝦夷アイヌが協力して二十一人のロシア人を殺害する事件が起きた。殺されたのはヤクーツクからやってきたプロトジャコノフ商会の一団で、ウルップのアイヌから食料や日本製品を略奪したうえにヤサークを要求し、南北アイヌの入会地でラッコ猟をしていた。南北のアイヌたちは相談のうえ、狩猟者たちから密かに武器を奪って襲いかかった。この話は日本側にも伝わり、首尾よくロシア人を退治したアイヌたちは「一同心地よくエトロフへ帰帆せり」と記されている。

ロシア人への強い反感があったにもかかわらず、千島アイヌがロシアに同化していった背景には、ロシアの東進に伴うロシア正教の普及があった。千島ではロシア正教は当初、司祭ではなく狩猟家やコサックによって分かりやすく伝えられた。千島アイヌとカムチャダールの子どもたちにロシア語教育がなされ、一七三一年にはロシア正教に改宗すれば十年間のヤサークの免除が約束された。約束が厳密に守られたわけではないが、一七三四年からは洗礼が行われ、ロシア風の洗礼名と洋服が与えられた。一七五六年にはシュムシュに聖ニコライ教会が建設され、カムチャツカの司祭が千島の島々を回って礼拝を行った。多神教であった千島アイヌは、当初はロシア人の前でだけ信者のふりをして、ロシア人が島を去ると十字架もイコンも放置したり、子どもの玩具にしたりしていたが、十八世紀末までには全員が洗礼を受けてロシア正教徒になった。洋服を着てロシア語を話し、パンを食べて酒やタバコを好んだ。毛皮との交換でロシア人から手に入れたガラス製品や鉄製品が重宝される一方で、骨や石の道具や土器をつくる技術は失われていく。

ロシア正教の普及、ヤサークの取り立て、日本との交易への期待をもってロシア人の南下は進み、一七七八年にエトロフ島のアイヌ四十七人にロシアへの従属を取り付けたシャバーリンは北海道東岸にまで姿を現した。十八世紀末までにロシアは日本国を探しあて、島伝いではなく直接船で乗り込むようになり、一七九二年にエカテリーナ女帝の命を受けたラックスマン一行が根室を訪れて日ロ交渉の幕が上がる。一七九五年にはウルップ島にロシア人の拠点が形成され、毛皮商人など三十人が派遣された。このようなロシア人南下の動きは日本に伝わり、江戸幕府は対策を講じる必要に迫られた。

日本人の千島進入

アイヌがロシア人になびいて千島列島がロシアの支配下に入ることを危惧した江戸幕府は、蝦夷地調査隊を送り込んで千島の実態調査に乗り出した。一七八五年に調査隊の竿取（測量役）最上徳内《もがみとくない》はエトロフとウルップに渡った。徳内を案内して千島踏査やロシアとの接触を助けたのはアッケシのイコトイ、クナシリのツキノエなど道東や南千島の有力アイヌたちだ。ウルップへの渡航拠点があるエトロフの有力アイヌ、マウテカアイノの所には時おりロシア人が滞在して十字架まで立てていた。ここで徳内はロシア人三人と会い、赤人（ロシア人）、蝦夷人（アイヌ）、日本人の三カ国人が、それぞれの歌や踊りを披露して懇《ねんご》ろに親しんだという。

徳内が千島情勢の把握に努めた後の一七八九年に、幕府を驚かせる事件が起きた。和人の横暴に対してアイヌが蜂起したクナシリ・メナシの戦い（寛政蝦夷騒動）だ。

アイヌと接触し始めた頃の松前藩は、できる限りアイヌと和人を隔てて幕府に隠して交易をしようと腐心していた。アイヌが千島から持ってくるラッコ皮や鷲の羽などの交易品は、馬の鞍《くら》や矢に使用される貴重品だったからだ。しかし、江戸後期の商品経済の発達により物流が活発化し、蝦夷地の海産物が交易品としての価値を高めるにつれて、アイヌは安い労働力として産業構造に組み入れられていく。特に、一定の運上金《うんじょうきん》を松前藩に納めて魚場の経営権や交易権が個別の商人に与えられた場所請負制度がアイヌのそれまでの生活を破壊した。

事件の発端となったのはクナシリ場所で、請負っていた飛騨屋がサケ・マスの〆粕《しめかす》生産にアイヌたちを使っていた。男女ともにただ働き同然で過酷な労働を強いられ、冬の食料の備蓄ができずに餓死することもあった。場所では出稼ぎ和人である支配人や番人がアイヌに対して暴力を振るう、宝にしているものを奪うなど傍若無人に振舞った。単身で場所に入る和人による密夫《みっぷ》（強姦）も頻発し、妻妾《さいしょう》化されるアイヌ女性も多かった。

子どもを背負ったアイヌ女性を大釜で粕とともに煮殺すと脅す、アイヌを一人残らず殺すと見せしめに縛った犬を川へ沈めて殺す、目に余る密夫など和人の横暴が続き、追い詰められたアイヌは和人襲撃に走った。クナシリでは若手リーダー格のマメキリらの主導で和人二十二人が殺害され、対岸の北海道東部のメナシ地方にも飛び火して四十九人が殺害された。蜂起したアイヌは百三十人、殺された和人は合わせて七十一人だ。この地域の長老格のアイヌたちは、事件当時はウルップに交易に出ていて不在だったが、帰ってくると松前藩の鎮圧隊に協力して蜂起した者たちを説得のうえ武装解除した。松前藩は事件の首謀者としてアイヌ三十七人の処刑を言い渡して首を刎《は》ね、全員の首を塩詰にして松前城下に運んだ。

事態が終焉した後、鎮圧に功績のあったアイヌの首長十二人の肖像画「夷酋列像《いしゅうれつぞう》」が松前藩の家老で画人でもあった蛎崎波響《かきざきはきょう》によって描かれ、天皇の目に触れるほどの評判を呼び、模写も数多く出回った。威風堂々たる首長たちの姿はエキゾチシズムに満ち溢れ、今なお見る者の目を奪う。わけてもアッケシのイコトイは猩猩緋《しょうじょうひ》と呼ばれた深紅のロシア製の長衣を、クナシリ総首長のツキノエは豪華な蝦夷錦をまとって異彩を放っている（図9・10）。三十七人の処刑者のなかに自分の息子セッツハヤフ（セッパヤ）がいたツキノエの胸中は、いかなるものであったろうか。これ以降、アイヌの和人に対する組織的な抵抗はなくなった。

蜂起の背景に実際にはなかったロシアの関与を疑った江戸幕府は、北辺への危機意識をさらに強めた。

図９　ツキノエ（根室市博物館開設準備室『クナシリ・メナシの戦い』より）

図10　イコトイ（根室市博物館開設準備室『クナシリ・メナシの戦い』より）

ロシア船、イギリス船の来訪にも刺激され、一七九八年に幕府は再び蝦夷地調査隊として支配勘定の近藤《こんどう》重蔵《じゅうぞう》らを派遣した。重蔵は、ウルップ島にロシア人がラッコ猟の拠点を設けていること、すっかり「赤人」化したアイヌがいることなどを知り、異国境取り締まりについて上申する。重蔵の考えは、ウルップにロシア人が本格的に住み着く前にエトロフとクナシリを確実に日本のものにする、そのためにはアイヌを日本人化し、ロシアとの交易や交通を禁じる、蝦夷地は幕府直轄とするなどであった。その後の江戸幕府の対ロ政策は重蔵の提案に沿って進んでゆく。

千島列島の分断

一七九九年から東蝦夷地は松前藩ではなく幕府の直轄地になった。請負場所があるクナシリと違ってまったく和人がいなかったエトロフは、一八〇〇年に「開島」した。幕府運送方の高田屋《たかだや》嘉兵衛《かへえ》がクナシリからエトロフに渡る回船ルートを開き、エトロフ場所の開設が実現した。エトロフ島掛に任命された近藤重蔵のもとでクナシリ・エトロフのアイヌは日本名を与えられ、髭を剃る、髪を結うなど風俗改めが進んだ。ロシアとの緩衝地帯としてウルップを無人化する作戦もとられた。

一八〇三年に幕府は、ロシア人の南下とアイヌのロシア化を阻止するために南千島のアイヌがラッコ猟のためにウルップに渡ることを禁じた。アイヌと交易できずに補給路を断たれたウルップ島のロシア人は、幕府の思惑どおり一八〇五年に撤退を余儀なくされたが、渡航禁止がアイヌ社会にもたらした影響は甚大だった。

ラッコ交易ができなくなったエトロフ以南のアイヌは漁業に転換するしかなく、場所経営に組み込まれてますます和人に隷属していった。アイヌに対する介抱・撫育《ぶいく》、改俗・改名という同化政策も進んだ。幕府はラショワ島からロシア化した千島アイヌがエトロフに渡ってくることも禁じたために、千島列島はウルップ以北とエトロフ以南に分断され、それまでの南北の緩やかな繋がりは絶たれた。

北では千島アイヌがロシア語を話し、ロシア名を持つロシア正教徒となり、ロシア風俗になってウォッカを覚え、南では蝦夷アイヌが日本語を話し、日本名を持ち、有力者は乙名《おとな》などの役名をもらい、本邦風俗になって日本酒を覚えた。日ロの境目にいたために千島のアイヌは、シベリア奥地の先住民や北海道内部のアイヌよりも急速な同化にさらされた。正式に日ロ国境が引かれるほぼ半世紀前に、千島列島にはすでに二つの国家の境界ができていた。

一八五五年に日魯通好条約が結ばれるまでの日ロ交渉史は波乱に富み、その後の不信と対立に満ちた日ロ関係に比べると際立って華やかなページだが、千島先住民とは別の次元で進む話なので、本書では千島を舞台とする事件にだけ触れておこう。

一八〇七年に起きたロシア軍人によるエトロフ襲撃は、通商を求めて長崎を訪れたロシア使節団が長く待たされたうえに拒絶され、腹を立てて引き起した事件とされる。ロシア船はまず樺太南部の運上屋を襲って略奪、放火し、次にエトロフ南部のナイボの番屋《ばんや》、中部のシャナの会所《かいしょ》などを襲った。狙われたのは和人の施設だけでアイヌの住居などは襲われず、連行されてもアイヌは解放された。シャナの会所には支配人、番人、鍛冶、大工、盛岡藩と弘前藩の勤番、幕府役人など約三百人が集まり、上陸してきたロシア人は三十人弱だったらしいが、ロシア側の激しい砲撃に日本勢は動揺して撤退し、会所は略奪され、陣屋《じんや》などとともに焼き払われた。シャナのアイヌたちの中にはロシア船に米や酒を運んでやり、逃げる和人を笑う者もいたという。またシャナから退去した和人が泊まっている小屋を大勢のアイヌが弓矢を持って取り囲み、不穏な空気が漂ったので、いろいろ説得して立ち去らせたとの記録もある。アイヌたちは日頃の和人の横暴を快く思っていなかったのだろう。

一八一一年にクナシリで千島海域を測量していたロシアの海軍士官ゴロヴニンが日本側の捕虜になり、その報復として翌年にはエトロフ場所を経営していた高田屋嘉兵衛がクナシリ沖でロシア側に拉致された。この事件は無事に解決されるが、幕府は南千島の防備を一層固め、南北千島の先住民の交流がますます難しくなったのは言うまでもない。

伊豆下田で行われた日ロ全権の国境確定論争の一端も紹介しておこう。プチャーチンは、エトロフは元来ロシア人だけが住んでいたのに、後から日本人が入って来て今は両方が住んでいると述べた。当時のエトロフにロシア人はいなかったが、川路聖謨《かわじとしあきら》は反論するでもなく「蝦夷アイノ」を持ち出し、アイヌは古代より日本に帰属しているのでアイヌが居住している所が日本所領だと主張した。それならば千島アイヌが住んでいる北千島も日本領になるはずだが、川路はそこは要求しなかった。両全権ともに千島の実態に無知であったようだが、交渉は成立し、樺太は「境を分たず」、千島列島については「日本国と魯西亜国との境、エトロフ島とウルップ島との間に在るべし」と国境が確定された。

二十年後の一八七五年にロシアと明治維新を経た日本は樺太千島交換条約を締結し、樺太がロシア領に、千島全島が日本領になった。北千島と樺太を分けたのは不等価交換ではないかなど条約は日ロ両国で物議をかもすが、千島列島の実態については両国民ともに無関心だった。

アレウトの苦難

ロシアの商人たちが、高価な毛皮獣の捕獲と販売のために設立した「露米会社」は、一七九九年にロシア皇帝の庇護を受ける国策会社になり、北千島、コマンドル諸島、アリューシャン列島、アラスカ、北米大陸西岸などに拠点を設けて毛皮や鉱物資源の独占で巨大な利益をあげた。露米会社は政府指導のもとに広大な地域を管理する当局でもあった。

ロシア人が一七九五年にウルップ島に設立した拠点は、江戸幕府の戦略によって補給路を断たれ、一八〇五年に解散に追い込まれたが、一八二八年に再び露米会社が拠点を置いた。このときウルップに送り込まれたのは、ロシア商人十二人およびコディアク島のアレウト四十九人とその家族だった。アラスカ付近に居住していたアレウトが連れてこられたのは、その伝統的なラッコ猟のためだ。海獣の皮を張ったバイダルと呼ばれる小船で海に乗り出して銛《もり》を打つラッコ猟には特殊な技能が必要で、ロシア人が修得するには時間がかかり、これに長けた千島アイヌは人数が足りなかった。そこでアレウトが半ば強制的に連行され、翌一八二九年にはさらに二十四人がウルップに送り込まれた。その後もシムシル、チリホイ、パラムシル、シュムシュに露米会社の出張所や狩猟拠点が開設された。

三〜五年の期間で送り込まれたアレウトは、新しい人員と交替するまで男性はラッコ猟に特化し、女性や子どもは露米会社の冬季の食料備蓄のために働かされた。毛皮はすべて供出させられ、その代価として券が渡された。食料や日用品はすべてその券を使って露米会社から買うしかなく、結局アレウトは露米会社に隷属し、冬季には餓えることもあった。

当時の北千島の様子は、露米会社植民地の管理者であるチスチャコフが一八三〇年五月に当局に送った報告書に詳しい。新拠点の居住者は約七十人で、そのうちロシア人は十二人以下で六十人のアレウトは猟に出払っている。植民地全体のロシア人が少ないので、これ以上ウルップに投入することは不可能だ。新たにアレウトを送り込むのも「至難の業」だ。アレウトはウルップに来るのをひどく嫌がるし、特に「アレウト女性を説得するのはまったく不可能」で、今いる六十人のうち女性は七人に過ぎない。

クリル人についての記載もある。「クリル人はカムチャダールよりも怠惰で思慮に欠け、大酒飲みで、とにかくタバコを好む」。かれらはカムチャツカから銃や弾薬、ラッコや鳥を捕獲するための網の材料、タバコ、自力では縫えない衣類を調達し、「ユルタで不潔に暮らしている」。ユルタとは、千島アイヌの半穴居《けっきょ》の住居を指しているのだろう。

報告書は、北千島の豊富な資源に対する露米会社の関心とともに日本への警戒心も示している。北千島にやって来た日本人が数人のクリル人を拉致したとの噂もあり、すぐ隣の島に住む日本人がウルップの拠点を襲撃しないか恐れている。チスチャコフは「起こりうる日本人の襲撃」からウルップの拠点を守るために、大砲などを設置するようクリルの部隊長に命じた。堅固な守備を見せれば、「非好戦的な民族であるかれら（日本人）は我々の力をよく理解し、あえて攻撃しないだろう」と考えたからだ。

毛皮資源は豊富な北千島だが、ウルップの拠点を維持するための食料や必需品はすべて大陸から調達するしかなかった。補給船の到着が遅れると拠点の生活はすぐに危機に陥る。これは北千島だけでなく、すべての露米会社の拠点に共通していた。あまりに広大な地域の経営を断念したロシアは、一八六七年にアラスカとアリューシャン列島を米国に売却し、露米会社は解散した。

露米会社の解散が決まると、北千島の各拠点のロシア人はすべての毛皮や備蓄品を持って撤退した。千島アイヌにたいするヤサークは一八三〇年に廃止されていたが、その後も毛皮はすべて露米会社へ供出させられていた。島に置き去りにされたアレウトの故郷であるアリューシャン列島は、ロシア領からアメリカ領に移行してしまった。取り残されて窮乏する北千島の先住民に、毛皮と引き換えの信用貸しで食料などを供給するようになったのは、ロシア政府が露米会社の不動産を払い下げたロシア商人のフィリペウスだ。ロシア政府からもロシア正教会からも見捨てられた北千島にやって来るのは、アメリカ商人、密猟者、冒険家などで、先住民から捨て値で毛皮を買い取るだけでなく、酒を飲ませて騙し取ったり、襲撃して奪ったりした。

一八七五年の新たな条約で北千島が日本領になると、先住民はさらに窮地に立たされる。同年十月にシュムシュとウルップで千島アイヌ、アレウトも出席してロシアから日本への北千島引き渡し式が行われ、先住民は信仰の自由を保障されたが、三年以内に日ロどちらかの国籍を選ぶよう要求されたのだ。アレウトはロシアに渡ることを希望したが、カムチャツカ半島と北千島を行き来して暮らす千島アイヌは逡巡《しゅんじゅん》した。

翌一八七六年にフィリペウスはウルップの食料などをすべて持ち去り、再びアレウトは飢餓に陥った。ロシア当局はアレウトの移住先としてカムチャツカ、ウラジオストク、コマンドル諸島などを検討していたが、ようやく一八七七年に船を出してアレウト七十一人と千島アイヌ十二人を、翌年さらに十数人をカムチャツカのペトロパヴロフスクに移送した。

移送先の生活は悲惨だった。先住民を受け入れる体制はなく、食料が不足し、猟はできず、当局は最終的な移住先を決めかねていた。一八七七年の冬にアレウトの二割が餓死した。一八七九年五月までに飢え、寒さ、病気による死者はアレウト二十一人、千島アイヌ六人に達した。当局の報告には先住民への同情の声とともに、怠け者で無能力で酒ばかり飲んでいるとの批判も見られる。ほとんど乞食のような生活をしていたアレウトは、ようやく一八八二年に同胞が住んでいるコマンドル諸島に移住した。

半数になって生き残った千島アイヌ六人は移住後に生まれた二人とともにシュムシュ島に戻った。五年ぶりに帰島したかれらを待っていたのは、シコタンへの強制移住だった。

涙の島

樺太千島交換条約締結から三年後、千島アイヌは逡巡の末に生業の地である北千島を選んで日本国民になった。北海道から千キロも離れた遠隔の島々の統治は、明治政府にとって厄介な問題だった。物資輸送に経費がかかるうえ、千島アイヌはロシア正教に帰依し、ロシア語を話し、島々を移動し、弾薬などの調達のためには越境してロシア領であるカムチャツカ半島に渡っていた。明治政府は、千島アイヌを北海道に近いシコタン島へ移住させて撫育することを決めた。

一八八四年七月にシュムシュとパラムシルの千島アイヌ九十七人は、明治政府が派遣した根室県役人らの説得を断れずにシコタンへ向かう船に乗りこんだ。飼っていた犬を殺し、未練を残さぬために住居は焼き払われた。当時のシコタンは、漁業に従事していた百〜百二十人の蝦夷アイヌが一八〇八年に根室場所に移されたためにほぼ無人化していた。移住の理由は数年続いた不漁や交通の便の悪さにあったというが、前年に起こったロシア人によるエトロフ襲撃事件も影響しているかもしれない。

アレウトを放置したカムチャツカのロシア当局とは違い、明治政府は千島アイヌのための具体的な移住計画を準備していた。その方針は北海道庁参事官が一九〇〇年に提出した「北千島調査報文」に明らかだ。「色丹島に移し、役場を設け、衣食住を始め教育衛生等に到るまですべて官庁保護の下に生活を遂げしめ、かつ独立自営の道を得せしめんとしたりき」。実際にシコタン島シャコタン村に移住者用の住居が建てられ、撫育費が支給された。自立のために農業、牧畜、漁業の指導が行われ、土地と農具、家畜、漁船と漁具なども提供された。シコタンには根室県役人、医師、通訳、教員が配置され、アイヌの子どもたちは日本語と算術を学んだ。ロシア風の名前や服装や礼儀作法は日本風に変えられた。

しかし、明治政府の手厚い保護の成果は、カムチャツカのロシア当局の無策の結果と大差なかった。移住の翌年に千島アイヌは七十九人に減り、五年半でほぼ半数が死亡した。気候や食生活など環境の激変による脚気《かっけ》などの病気、農業を中心とする定住を強いられたこと、カムチャツカなどとの交流を失い孤立した生活に陥ったことで移住者たちは強いストレスを受けた。移住の翌年に八人の子どもが選抜され、日本語と学芸習得のために家族を離れ根室に送られたが、そのうち二人は病気で死亡し、帰島できたのは六人だった。

生き残った千島アイヌが望んだのは唯一つ、北千島への帰還だった。その希望は認められなかったが、移住後十三年を経た一八九七年に北千島へ出稼ぎ猟に出ることが許された。猟は好調で千島アイヌはさらに帰還を嘆願したが、明治政府はこれを却下した。理由は再び千島調査報文に明らかだ。「絶海の孤島に棲息し、天然の産物に衣食し、他に人生為すべき業務の如何を弁せず」暮らしてきた千島アイヌは、「漫然復帰を望むものにして全く架空の観想より来る結果に他ならず」。北千島に出猟しても密猟者による乱獲のせいで次第にラッコもアザラシも獲れなくなり、出稼ぎ猟は一九〇九年に中止された。

千島アイヌはシコタンをアイヌ語で「涙の島」を意味するヌペモシリと名づけた。一八九八年八月にニコライ主教とともにシコタンを訪れたハリストス正教会のセルギー掌院は、千島アイヌが信仰を失っていないことに深い感銘を受けている。ロシア正教会との繋がりが切れてから約二十年間、千島アイヌは教義を守りつつ自分たちで洗礼や埋葬を行っていた。セルギー掌院は、千島アイヌは日本人と同化するしかない、「さもないと、村は絶滅に瀕することになる」と考えた。それから三十二年後の一九三〇年にスウェーデン人の探検家ベルグマンがシコタンで見たものは、次のような光景だ。

「アイヌ村はまだあったけれども、それはとてもわびしい姿をしていた。彼らはすでにほかの住民と血をまじえ、日本の民族にうつりつつあった。……床には畳をしき、……食物は主に米で、仕事は夏にはノリをとって本州へ売りに出していた。……彼らのこどもは日本のこどもと同じく日本の学校に通い、いつもおたがいに日本のことばを話している。私はまだロシア語をおぼえている年とった女に二、三人出会っただけである。……

彼らの目にはいつもうっとうしい陰気なかげがうかび、今ではもはやかなくなったずっと北のほうの島へのあこがれをあらわしている。その声もまたしめりがちで、彼らの子孫がまったく絶えてしまうのがただ時の問題にあることをしめしている」。

一九三三年の調査結果によると、シコタンの千島アイヌは十四戸四十一人（男十四、女二十七）で、そのうち十一戸の戸主が女性だ。男性が少ないのはその「放浪性」が原因で、戸主に女性が多いのは、和人の漁夫たちが内縁関係を結んで同居しているため、子女の多くは混血児だ。

千島先住民の消滅

人口が希薄で日ロの支配も充分に及ばない千島海域は、長年にわたり密猟者の天国だった。ここで二十年間ラッコやオットセイ猟を続けたイギリス人の密漁の王者スノーは、一八七四年にエトロフで見たアイヌについて次のように書いている。

「今日、アイヌは、世界中で最も従順で無気力な人間である。アイヌの男を殴ってみればただ泣き出すだけである。……彼らは勇気と臆病の奇妙な混合であり、熊を襲うのは躊躇《ちゅうちょ》しないが、日本人に対しては致命的で本能的な恐怖を持っている」。

この恐怖心はどこから来たのだろうか。一八〇〇年に千百十八人いたエトロフのアイヌは、一八七三年に三百七十八人になり三分の一に減っている。一八〇九年に五百五十五人いたクナシリのアイヌは、一八六九年にはわずか六十九人だ。激しい人口減少の原因は、過酷な漁場の労働力としてアイヌが投入されたこと、その際に夫婦が別の場所に送られることもあり、アイヌ女性は単身で島に入る和人に妻妾化されたこと、天然痘などの病気が挙げられる。アイヌが極端に減少したクナシリの労働力を補うために北海道のアイヌが送り込まれたせいか、一八七五年にはエトロフ・クナシリ合わせて約八百人のアイヌがいたという。

一九三〇年に南千島を訪れたベルグマンは次のように記している。

「クナシリとエトロフの両島の住民は主として日本人である。しかし日本人と血をまじえたアイヌもいくらかすんでいた。……今でもクナシリとエトロフのアイヌの子孫と北海道のアイヌとの間には往来がある。冬の猟期になると北海道アイヌのいく人かは、この二つの島へ猟に渡ってくる」。

わずかに残った千島列島のアイヌも、第二次世界大戦後に離島させられて日本社会に散っていった。戦前の北海道庁の文書は千島アイヌを「色丹土人」「クリル土人」とも呼んでいる。北海道のアイヌが日本社会の底辺で保護すべき対象となり、一九〇〇年に「北海道旧土人保護法」が採択され、一九九四年のアイヌ新法に替わるまで約百年間存続したことは周知のとおりだ。

第二章　千島の日本人

千島先住民を追いながら話が戦後まで進んでしまったので、ここで明治期の千島に戻り、今度は日本人の足跡をたどってみよう。

北千島の魂入れ

明治政府は千島アイヌを強制移住させた後、無人化した北千島を密漁船とともに放置していた。北海道開拓に熱心だった明治天皇の命を受け、侍従の片岡利和《かたおかとしかず》が千島巡視に出かけてエトロフ島に上陸したのは一八九一年十月のことだ。翌年五月からウルップ以北を巡見して七、八月にシュムシュ、パラムシルの調査を終えて帰航した。シュムシュで生まれ育ち長年この島で過ごした別所二郎蔵《べっしょじろぞう》は、後にこの巡視を北千島に対する「魂入れ《たまいれ》」と呼び、「本土との間に目に見えない通路が開く」と記した。

千島巡視に刺激を受けたのは、幕末から蝦夷地や樺太の開発を主張していた岡本監輔《おかもとかんすけ》だ。即座に千島《ちしま》義会《ぎかい》を設立した岡本は、同志十七人とともに一八九二年八月にエトロフに到着した。しかし、資金の目処もつかず北千島行きは断念して同年十一月末に函館に戻り、その後は千島開拓事業を国会に請願するが受け入れられず、千島義会は一年で解散した。

千島義会の遺志を継いだのは、幸田露伴《こうだろはん》の実兄で海軍大尉の郡司成忠《ぐんじしげただ》だった。予備役を希望した郡司は、退役同僚とともに一八九三年一月に報效義会《ほうこうぎかい》を設立し、各方面に趣意書を配って北千島移住のための支援を求めた。

「千島群島は我国北門の鎖鑰《さやく》にして、この警戒寸時も忽せにすべからざるは、識者を待たずして明らかなり、然るに義に勇を以って誇れる皇国人にして、従来千島を開拓する挙なかりしは、豈冱寒僻遠を恐るるの故に由るに非ずや」。

「北門の鎖鑰」とは、熱心な攘夷論者だった水戸藩主の徳川斉昭が日本北辺の防備の重要性を説く際に使った言葉で、鎖鑰は錠と鍵を指し、転じて敵の進入を防ぐ要地を意味する。シュムシュ島のわずか十二キロ先はロシア領カムチャツカで、その半島の東岸にはアメリカ領になったアリューシャン列島が弧状に延びている。日清戦争を目前にして日本の国家意識は高まり、ロシアと対峙する北辺国境に注目が集まった。魂入れの終わった北千島に、「其の地の帝国版図たるの実を挙げん事を望む」一団が向かった。

報効義会の第一次北千島移住

報効義会には百人以上の会員が集まり、先遣隊が海陸二隊に分かれて北千島を目指すことになった。郡司ら予備水兵約五十人は、無蓋《むがい》のボート五隻に分乗して東京からシュムシュまで二千五百キロを漕いで行くという無謀な計画を立てた。当時は陸軍中佐の福島安正《ふくしまやすまさ》が単騎シベリア横断を行っている最中で、福島と郡司は陸海大冒険の双璧として時代の寵児となり、錦絵や絵本が売り出されるほどだった。

一八九三年三月に郡司が率いるボートは官民歓呼の中を隅田川から出発したが、五月半ばに岩手県久慈を通過したところで暴風雨にあい、転覆するボートが出て十九人が死亡した。郡司らは救助にあたった軍艦磐城《ばんじょう》に曳航されて函館に入港し、事の杜撰《ずさん》に気づいた者たちはここで脱会、帰航した。残った一行は漁業家の船に便乗して根室で白瀬矗《しらせのぶ》陸軍中尉ら陸行隊五人と合流し、六月半ばにエトロフに上陸、その後は硫黄採掘船でシャスコタンに行き九人を残留させ、再び軍艦に便乗して八月末にシュムシュに上陸した。

千島アイヌの穴居跡を物置小屋にし、越年小屋を二棟建てて生活を始めたのは結局六人だった。もう一人の和田平八《わだへいはち》はロシア正教会の信徒で、千島アイヌをシコタンから帰還させる可能性を調査するために単独でパラムシルに渡った。郡司が準備した装備や食料は、十二月から三月まで零下二十度を下回る北千島の厳冬を過ごすには不十分だった。相変わらずラッコの密猟に励んでいたスノーは、郡司との邂逅《かいこう》を次のように記録している。

「……彼らの事業はみじめな状態にあった。……おびただしい数のタラがこの島の周辺にいたにもかかわらず、彼らはこのタラの魚場さえ知らなかった。郡司は、魚がとれないで、食料に困っていると語った。私は、またたく間に一隻分のタラのとれる場所を教えた」。
密猟を阻止するどころか密猟者に魚場を教えてもらいながら、とにかく六人は和人として初めて日本最北端の島で越年に成功した。

翌一八九四年五月にパラムシルに渡った郡司らは、腐乱死体となっている和田を発見し、六月にはシャスコタンに残留した九人の死亡を確認した。どちらも残された日記から死亡時の状況が推察される。シャスコタン残留組も千島アイヌの穴居跡を利用して小屋を建てて生活した。備蓄食料が不足したので五人がセイウチの繁殖している隣のエカルマ島に悪天候の中を出漁したが、そのまま戻らなかった。残る四人は、寒気や野菜の欠乏が原因と言われ、体がむくみ歩けなくなる水腫《すいしゅ》病で衰弱して十一月中に次々と亡くなったらしく、全員が小屋の中で白骨化していた。パラムシルで越年した和田も三月初旬から衰弱が激しく、両足が腫れて中旬から歩行不能になった。

一八九四年六月に郡司ら五人は日清戦争への出征を促されて再び軍艦磐城で帰航し、七月の開戦と同時に大連方面に向かった。シュムシュに残留した白瀬と新しい予備役隊員五人は無事に越年したが、翌年の春から全員が水腫病に倒れ、四月、五月に隊員三人が相次いで死亡した。当時の白瀬の日記は「……三名の病褥者三死者と同居するの惨状」で、食料が尽きると飼犬を銃殺して露命を繋ぎ、腐敗し始めた死者を病身を押して埋葬したことを生々しく記録している。

かろうじて生き残った白瀬ら三人は、八月に日本のラッコ猟船で離島した。こうして報效義会の移住計画は、隅田川出航以来三十二人の死者を出して惨憺たる結果に終わった。失敗の原因は杜撰な計画と装備の甘さに尽きるが、戦争で高揚した時代の中で郡司は責任を問われることもなく、その後も皇国軍人の英雄として扱われた。生還した白瀬は、後の一九一二年に日本人として初めて南極大陸への上陸に成功した。

報效義会の第二次北千島移住

日清戦争後の一八九六年に、郡司は報效義会の会員とその家族合わせて五十六人で再びシュムシュに移住を試みる。前回の無謀な計画を反省し、シュムシュの片岡湾（モヨロップ）に本部を置いて開発、調査にあたらせたほか、家畜を飼い、菜園を作り、缶詰工場や小学校まで開いて永住に挑んだ。しかし、十一月から五月まで続く積雪、濃霧、単調かつ厳しい気候は、およそ日本人には馴染めぬものだった。冬の晴れた日にはカムチャツカの寺院の鐘の音が聞こえ、いつのまにかロシア風の衣服や日用品、ロシア産のお茶、砂糖、タバコが片岡の集落に広まった。ロシアとの接触を断つためにアイヌを強制移住させた日本人も、やはりロシアとの交流なしては生活できなかった。肝心の密猟の監視はおぼつかず、ラッコ猟の外国船が寄港してもなす術がない。一八九七年には水腫病などで十人の死者が出た。

それでも報效義会は踏みとどまり、一九〇三年には漁業に携わる海上部員約七十人、陸の生活を支える陸上部員約九十人、計百六十人が暮らすようになった。当時はシコタンに移された千島アイヌに出稼ぎ猟が許された時期で、報效義会の女性が回想を残している。

「猟にでていくときは、女の人がカイを漕ぎ、男の人はもっぱら鉄砲撃ちです。そして子供も乗り、恐ろしいような大波を平気で漕ぎ分けてゆきます」。

一八九七年にシコタンから出猟してきた千島アイヌは、片岡がすでに日本人の本拠になっていたので、パラムシル島南端のベットブ湖付近に基地をおいて、そこから北千島、中部千島、カムチャツカ南岸までを活動範囲にした。和人がアイヌの故郷を乗っ取ったかたちだが、双方は海陸と狩猟場を分け合って物資、情報、技術を交換した。日本人はアイヌから猟小屋の造り方、ワシの捕り方や海獣の棲息地などを教わった。

急速に増えた日本の猟船は、外国の密漁船を凌駕《りょうが》してカムチャツカ、アリューシャン海域にまで進出した。この近代の狩猟合戦で海獣は絶滅に瀕し、アイヌの出稼ぎ猟が一九〇九年に打ち切られたのは先述のとおりだ。

北千島の報効義会は、皇国日本の精神主義と過酷な自然の組み合わせの中で生まれたユニークな共同体だったが、あっけない終焉を迎えた。一九〇四年六月に日露開戦を知った郡司は、帝国軍人として「変に応じて自ら敵と戦う場合におくれをとってはならない」と即座に十八人の会員とともに敵地カムチャツカ西海岸に乗り込んでみたものの、すぐにロシア軍の捕虜になった。そのうち四人は脱出して九月にシュムシュに逃げ帰ったが、リーダーを失った報効義会は協議のうえ引き揚げを決めた。九月末に郡司の家族を含めて五十六人が離島し、十五人が残留した。一九〇五年にポーツマス平和条約が締結され、日本はロシアに南樺太を割譲させた。同年末に郡司らはウラジオストク経由で無事に日本に送還されたが、もう北千島に戻ろうとはしなかった。

北洋漁業の前線基地

「天皇の赤子たち」が去った後の北千島に現れたのは漁業者だった。北千島漁業は報効義会による小規模なタラとカニ漁に始まる。それに続いたのは根室の漁業者で、タラ、タラバガニ、川のマス漁が行われた。一九一四年に第一次世界大戦が始まるとタラの大量消費地アメリカからの引き合いが増え、シュムシュとパラムシルにそれぞれ八工場ができた。一九一五年に函館・シュムシュ間に航路が開設されて一夏四航海の定期船が通うようになり、北千島漁業は次第に根室から函館の漁業者へと移った。

当時の北洋で栄えていたのは露領漁業だ。ポーツマス平和条約でロシア領沿岸の漁業権を得た日本は、本格的なサケ・マス、タラ、カニ漁に乗り出し、カムチャツカや南樺太に加工工場を建設して多数の漁師や女工を送り込んだ。ところが、一九一七年のロシア革命後のボリシェヴィキ政権は、野放しだった日本の露領漁業に制約を加えるようになり、日本の北洋水産基地はカムチャツカから北千島に移っていった。日本人による漁場や漁法の開発は目覚ましく、露領漁業に加えて母船式漁業も盛んになった。カニやサケ・マスの加工装置を備えた母船を中心に船団を組んで出漁し、洋上の母船で加工しながら漁を続ける方法だ。一九二九年に小林多喜二が発表した『蟹工船』には、函館からオホーツク海のカムチャツカ沿岸に出漁して行う過酷な操業が描かれている。

一九三一～三二年に北千島海域でサケ・マスの大規模な魚道が発見されると、出漁を希望する申請が殺到して北千島は一気に活気づく。こうして北洋漁業の三本柱である露領漁業、母船式漁業、北千島漁業が出そろった。

北洋のサケ・マス漁業は発展を続け、一九三九年の北洋漁業全域のサケ・マス総漁獲量は約二億二千万尾に達し、その六割が北千島のものだった。夏季には約二万人の漁夫が渡島するようになった北千島だが、シュムシュとパラムシルの生活実態はかなり特異なものだ。北海道庁が一九三九～四一年の三年間に七十四人のスタッフを投入して行った千島全島調査の結果をまとめた「千島調査書」は、その様子を次のように記している。

操業期間は四月から八月までで、四月中に函館、富山方面の漁業者たちが主に北海道と東北地方の出稼ぎ者である漁夫、雑夫を従えて渡島してくる。島内にあるバラックの番屋は一棟に六十〜七十人を収容し、一人一畳に荷物や夜具を並べて身動きもできない窮屈さだ。粗末で不衛生な施設で生活しながら、出稼ぎ者は漁期が終わる八月末まで過酷な労働に従事する。過労や暴飲暴食による病気、外傷、脚気、肺炎、肋膜炎も多い。島には一軒の商店も無く、日常雑貨や食料品のすべては函館方面からの移入によるため、食事が偏って全疾病中の一割が脚気だ。正式な免許医は五人で、カムチャツカ・ドクターと呼ばれる無免許医が治療に当たる。賭博、飲酒のほか「花柳《かりゅう》病患者多」のうえ司法事件も頻発する。漁期後に島で越年する者は毎年百五十〜百七十人しかいない。

それでも北千島には漁業施設のほかに警察、郵便局、灯台、観測所等が設置され、一九三六年からはパラムシルの二カ所に函館郵便局の出張所が開設されて六人の職員が常駐した。この郵便局は後に軍事郵便所に引き継がれて一九四三年まで機能した。その後シュムシュで起こる悲惨な戦闘の話は後回しにして、列島を南下してみよう。

中千島の成立

千島列島は行政上はすべて北海道根室支庁に属していたが、マカンルシ島からウルップ島までは一九一六年に農林省の管轄に移された。密猟船の乱獲でオットセイが全滅の危機に瀕したために一九一一年に日英米ロ四カ国間でオットセイ保護条約が締結され、中部千島が繁殖地に指定されたからだ。それまでウルップ以北はすべて北千島だったが、これ以後は農林省の貸付地になった島々を「中千島」あるいは「中部千島」と呼んで区別するようになる。

千島アイヌやアレウトが去った後の中千島は無人化していた。ウルップ島のわずかな民有地を除いて中千島はすべて国有林と官有地で、農林省の管轄に移ってからはウルップ、シムシルなど七島に番人が駐在するようになった。自家用蔬菜《そさい》を栽培しながら俸給と支援物資で生活する番人とその家族の数は七島合わせて四十〜五十人に過ぎず、夏季に農林省監視船が巡視する以外は一般船舶の寄港も禁じられていた。ただし、将来は漁場や鉱物資源の開発が見込まれ、漁業や資源開発の拠点になると考えられたウルップ、シムシル、オンネコタンの三島には港湾建設や航路開設が予定されたが、結局実現しなかった。

世界大戦末期に日本人が引き揚げてからは、現在に至るまで中千島は無人島だ。一九九二年八月にロシアの科学調査船に乗って千島列島を取材したNHK取材班は、ウシシルに青ギツネが生息しているのを確認している。かつて農林省は海獣保護のほかに、国際市場で価値のある毛皮をとるためにキツネの養殖事業を始めていた。置き去りにされたキツネたちは、海鳥などを食べながら生き延びて野生化したらしい。

南千島の日本人社会

アイヌを酷使してきた場所請負制度は、明治維新後の開拓使設置とともに廃止されたが、辺境の千島までは行政が行き届かないために「漁場持《ぎょばもち》」の名で維持された。その漁場持も一八七六年に廃止され、官有地の払い下げなどで漁業者の自由な進出が奨励された。漁夫や雑役夫などの出稼ぎ者たちも自ら小規模な漁業を営み、家族を呼び寄せて定住し始めた。

人口増加に伴って行政機構も整備され、一八八〇年にはクナシリとエトロフに役場が置かれ、その後は学校や病院なども設けられて生活圏が整ってゆく。一八九一年の根室・エトロフ間はじめ南千島と北海道を結ぶ航路も増えていく。千島アイヌを移住させたシコタンには、一九一四年から土佐捕鯨や東洋捕鯨が進出して和人が急増した。一九二三年に北海道二級町村制が実施されると役場、警察、駅逓《えきてい》、寺社などの設備がさらに充実し、一九三五年の南千島の人口は一万五千人を超えた。

大量の移住者を支えたのは千島近海の豊かな水産資源で、サケ・マス、クジラ、タラ、カニ、コンブなどが高値で取り引きされた。クナシリやハボマイではウマやキツネの飼育も行われた。一九二〇年代にはエトロフでサケ・マス缶詰工場十カ所、クナシリでカニ缶詰工場十一カ所が操業していた。クナシリ、シコタン、ハボマイのコンブ供給量は日本全体の八割に達し、千島海苔は高級品として出回った。

ただし、南千島の漁業権および海産干場のほとんどは根室、函館、東京など島外者の所有だった。島民の多くは海産干場に多額の賃貸料を支払っており、海産資源の利益の大半が島外へ流れた。南千島の定住者はピーク時には約二万人に達したが、水産品を移出して生産資材と生活必需品を移入するという経済構造は基本的に北千島と同じだった。特に北海道から遠いエトロフは出稼ぎ島の意味合いが強く、沖縄本島の二・五倍の面積があるが人口は終戦時も約三千六百人に過ぎず、漁期には島の人口よりも多い約四千人の季節労働者が渡島してきた。

南千島は、豊かな島の自然と豊饒《ほうじょう》な海のおかげで戦時期に飢えを体験しなかった数少ない日本の地域の一つだった。アサリ、ウニ、カニ、ナマコ、カレイ、エビ、ホタテなどはいくらでも獲れ、産卵期には川底が見えぬほどサケが遡上《そじょう》する。ハボマイでは長さ三十から四十メートルのコンブがとれ、陸上にも巨大なフキ、ハマナス、コケモモなどがあり、ウサギ、クマ、トド、アザラシや今では天然記念物のエトピリカ、オロロン鳥の卵なども食された。犯罪は少なく、外出時に家に鍵をかける必要もなかった。とはいえ、北海道庁の「千島調査書」には、厳しい島の生活が記されている。「土台付平屋建および掘立小屋最も多数を占め、……保温、防寒、換気、採光の点に考慮を払はざる者多く」、「住宅の採光不完全、労働の過重、水仕事多き為の冷込み、食物の偏食、粗食、飲酒等の関係から相当病弱者あり死亡率高し」。不就学児童も多かった。

「住民の習慣」として挙げられた次の五点は、南千島住民が戦時期も日本国内での風紀取締や思想統制に縛られずにいたように思わせるものだ。「集合時の遅刻。葬儀、周忌、婚礼等冗費多し。鮭、鱒、密漁。如何なる会合にも酒肴はつきものなり。一般に排他的精神強し」。

終戦時の人口はハボマイ群島の五島に五千二百八十一人、シコタン千三十八人、クナシリ七千三百六十四人、エトロフ三千六百八人、計一万七千二百九十一人、墓地は五十二カ所だった。

戦争と千島占領

日露戦争後も日本とロシア／ソ連は何度も衝突を繰り返し、日本は日中戦争から全面戦争へと突き進んでいくが、そのプロセスは千島住民にとっては遠い話なので割愛しよう。一九四一年十一月二十六日、日本の連合艦隊はエトロフのヒトカップ湾から発進して真珠湾攻撃へ向かった。

ソ連領カムチャツカ半島と米国領アリューシャン列島に近接する千島列島の軍事的な意味は開戦と同時に高まり、数万の兵力が駐屯して千島史上最大の人口を記録するようになる。一九四三年五月にアリューシャン列島の日本軍の拠点アッツ島が全滅すると、最前線となった北千島では漁業関係者も軍用船の荷役や飛行場、道路建設に動員された。同年夏にはシュムシュの片岡湾の基地が米軍の爆撃を受けた。北千島と違って戦時期の南千島は比較的穏やかで、年一回の「教育招集」で男性島民に軍事訓練が課せられ、駐屯部隊と青年学校の生徒が合同演習する程度だった。戦局が悪化してからは軍に協力して散兵壕、弾薬庫、道路などの建設に村民が動員され、小学生までタコツボ掘りに使われたが、空襲もなく平穏な生活が続いた。

一九四五年二月に米英ソはヤルタ秘密協定を結んで、ソ連の対日参戦の見返りの一つとして「千島列島がソヴィエト連邦に引き渡されること」を決めた。日本は同年八月十四日にポツダム宣言を受諾して日本軍の無条件降伏が決まったが、スターリンはその後も戦闘を続けて南樺太を占領し、千島列島を獲得するためにクリル作戦を強行させた。

八月十八日未明にカムチャツカから侵攻したソ連軍がシュムシュ島に上陸して日ソの激戦が始まった。日本軍は同日午後に大本営の指示に従って攻撃を止め、ソ連軍は攻勢に転じて重要地点を制圧した。結局戦闘は二十三日まで続いて双方合わせて千五百人を超える犠牲者が出た。日本軍を武装解除しながら南下するソ連軍は、八月三十一日にウルップ島までの占領を終えた。南千島の占領は樺太から侵攻したソ連軍によるもので、八月二十八日のエトロフ上陸に始まり、クナシリ、シコタンに続いてハボマイのシボツ島からアキユリ島までの占領が完了したのは、九月二日にミズーリ戦艦で日本側が降伏文書に調印した後の九月五日だった。ロシア側資料によると千島全島で日本人将兵五万四百四十二人が捕虜になり、そのほとんどがシベリアに送られた。

日ソ中立条約を破ってソ連が対日参戦するなど一般市民には予想できなかったことで、千島の島民にとっては自分たちがソ連軍の占領下に入るとは思いもよらぬことだった。北千島の民間人のほとんどは終戦までに本土に引き揚げていたが、南千島には約一万七千人の島民が取り残された。自動小銃を抱えたソ連兵が民家に侵入しては時計、万年筆、貴金属を物色し、酒、タバコを要求し、食料や布団まで持ち去り、飼っていたウマに乗っていくこともあった。女性たちは髪を刈り、顔に墨を塗り、昼間は物置や屋根裏に隠れて生活する者もいた。

ソ連軍に蹂躙《じゅうりん》された満州、朝鮮、樺太の惨状に比較するならば、南千島の占領ははるかに穏やかであったといえるだろう。それでもソ連軍とのトラブルによる民間人の死者十人が記録されている。夜間に小型船で島から根室へ脱出する際に遭難した者、その後の強制退去の際の劣悪な環境で命を落とした者、ソ連軍に徴用されて死亡した者を含めると、犠牲者の数はさらに膨らむ。

ソ連軍は島の電信・電話施設を接収して交信を遮断し、船舶の航行を禁じたため、情報はほとんど口伝えの不確かなものになった。北海道から遠いエトロフは完全に隔絶され、かろうじて連絡のとれるクナシリ以南の島民が対応をあおいだ根室町、根室支庁、北海道庁のいずれも終戦直後の混乱のなかで行政指導どころではなかった。九月にようやく根室支庁長から「島民各位に告ぐ」という通達が出たが、その内容は島民の自助努力と情勢判断を求めるものだった。

「領土関係は未だ正式決定を見ず　従って壮者は出来得る限り現地に踏止まり　一致協力各自の財産を管守し　今暫くの健闘を切望す」。

「老幼婦女子及び病者」に限り、やむを得ぬ場合は根室支庁内に避難せよとあるが、その手段は島民自身が「万全の策」を講じなければならない。遠隔のエトロフ島民約三千五百人は島にとどまるしかなかったが、他の島々では残留か脱出か島民は迷った。ソ連占領下で何が起こるか見当もつかないが、苦労して生活を築いた島を離れるには抵抗があったからだ。翌十月に届いた根室支庁長の第二信は、さらに島民を不安にさせる内容だった。

「ソ連占領下の現況において、……最悪の場合、千島はソ連領土となり、住民は全部内地へ引揚げ、又は国籍選択自由の決定ある迄は、日本政府としても千島住民の措置法策は樹《た》たず」。

第一信も二信もクナシリへの密航者に託したもので、当時どの程度島民に伝達されたかは定かでないが、ソ連軍の目を盗んで根室へ脱出した島民は九千四百二十六人にのぼった。終戦から三カ月後の十一月にクナシリ、シコタンの人口は半減し、ハボマイ群島も島民の約七割が引き揚げた。動力船の持ち主は人と荷物を詰め込んで真夜中に出航し、動力船がない者は伝馬《てんま》船や川崎船に乗り込んで曳航してもらった。途中で方向を間違え漂流したり、悪天候で遭難したり、ソ連兵に銃撃されたりして死亡者も出た。脱出した島民の中には、終戦後の混乱が収拾したら島に戻ることができると考えていた者も多かった。

残留日本人の強制退去

残留した八千人を超える南千島の日本人島民とソ連軍の「共存」が始まった。

占領直後の九月から十月にかけてソ連軍は南千島の収容施設を接収し、村役場を閉鎖して島民が投票で選んだ者をソ連当局が任命するという形で新しい村長を決め、命令の伝達などを行わせた。葉書大の用紙に住所、氏名、生年月日などを記載した顔写真付きの身分証明書を発行し、島民を土木工事、製材、水産加工場、漁労などで働かせた。

ソ連兵は満足な軍服すらもたず、腕時計、万年筆、カメラを珍しがり、衛生観念に欠けて粗野だった。しかし、民家を物色するようなことは次第になくなり、一定の意思疎通が可能になった。ソ連兵が持ってくるパンやバターとどぶろくを交換するなど物々交換が行われ、仲良くなった兵士が家に遊びに来ることもあったという。赤旗用の赤い布を要求されて差し出したところ、島のあちこちに赤い腰巻きや襦袢が翩翻《へんぽん》とひるがえったという笑い話のようなエピソードの一方で、火葬場の炉を壊してパン焼き窯にされるなどの事件も続いた。

一九四六年春からソ連の民間人が入植して民政に移行し、新しい行政府は「ソ連人、日本人、地下埋蔵資源、工業、工場、水産、農産、牧産その他一切の用具を監督する任務はウプラウレニヤ（行政府）に在り」と布告した。入植者たちは難民か浮浪者の群れのようで、とても戦勝国の市民には見えなかったという。これら千島の新しい主人公については次章に回すことにして、今は日本人島民の運命を見届けよう。

一九四六年十二月に米ソ引き揚げ協定が締結され、ソ連軍管区からの日本人の引き揚げが始まった。樺太・千島からの引き揚げは一九四六年から一九四九年までに完了し、日本人約二十七万人が送還された。そのうち千島からの引き揚げ者は九千五百八十六人で、一九四七年七月から一九四八年十二月までにほぼ全員が離島した。千島からの引き揚げ者には北千島の日本人十八人が含まれており、その中の別所二郎蔵一家は報效義会の最後の残留者だった。また南千島にかろうじて残存していたアイヌの末裔《まつえい》たちもすべて離島した。

ソ連当局はソ連国籍取得を条件に日本人の残留を認めたようだが、希望者はおらず、また情報伝達も不十分で、島民たちは当局の退去命令に従ってわずかな手荷物をもってソ連貨物船に乗り込んだ。船内は劣悪な環境で子どもや老人に死者が出ると水葬にされた。

移送先の真岡（現在のサハリン・ホルムスク）では樺太からの引き揚げ者と一緒に収容され、数日から半月滞在する間にも体の弱い者は栄養失調や病気で衰弱死した。

樺太・千島の引き揚げ者は、一九四六年三月から函館引揚援護局に受け入れられた。一九四七年十一月二十日函館入港の千歳丸（百五十二人）と二十二日入港の高倉丸（三百人）の乗船者は、クナシリの同年最終船に乗って引き揚げた人たちだった。超満員で真岡まで移送され、さらに真岡から函館へも定員超過で乗船させられ、二隻四百五十二人の乗船者のうち八人が船内で死亡、肺炎、栄養失調、消化不良等の患者も五十数人出ている。

函館港で帰還した島民たちに頭からつま先まで全身真っ白になるまでＤＤＴがかけられると、体から大量の虱《しらみ》が落ちたという。島民の多くが函館から根室に向かった。海を隔てて南千島の各島に近く、水産業の拠点として馴染みの深い町にとりあえず生活の拠点を置こうと考えたからだ。真岡、函館と大回りして根室にたどり着いた島民たちを迎えたのは極貧の生活だった。

ひとまず日本人島民を根室に残して、千島列島の新しい住人たちの様子を見ることにしよう。

第三章　千島のロシア人

千島のソビエト化

ソ連は占領した日本の領土を大急ぎでソ連領に変えていった。一九四六年二月に南樺太と千島列島を合わせた「南サハリン州」を設置し、これをハバロフスク地方に編入した。南サハリン州はソビエト法の適用地域になり、日本円からルーブルへの通貨変更、税制の変更、土地の接収と国有化が進められ、四月までに基幹産業の国有化も終わった。六月にはユジノサハリンスク（豊原）が南サハリン州の州都になり、千島列島には北クリル、クリル、南クリルという三つの行政区が置かれた。

ロシア人にわかりにくい日本語の地名は、行政、郵便、交通などの障害になるためロシア風に改称された。千島の三つの行政区の中心はパラムシル島のセヴェロクリリスク（柏原）、エトロフ島のクリリスク（紗那《シャナ》）、クナシリのユジノクリリスク（古釜布《フルカマップ》）に置かれた。それぞれロシア語では「北クリル、クリル、南クリルの町」を意味する。各村はソ連国内のあらゆる町で見かける典型的な名称「ソビエト通り、開放通り、十月革命通り、赤軍通り、平和通り」などで溢れ、広場にはレーニン像が設置された。

一九四七年一月に南サハリン州は廃止され、樺太全島と千島列島が「サハリン州」となってハバロフスク地方から切り離された。こうして島嶼だけで形成されるソ連唯一の州が誕生して今日まで存続している。同年十二月にサハリン州で戦後初めての議会選挙が州、地区、町村のレベルで実施された。すでに一九四七年にサハリン州は軍政から民政に移行し、ソ連の他の地域と同じような国家機構を確立させせていた。ソ連はサハリン（樺太）とクリル（千島）を自国の領土として扱い、クリル列島と北海道東岸の間の中間ラインを事実上の国境に変えた。

日本の領土を最終的に確定するはずのサンフランシスコ平和会議が一九五一年に開催されたとき、日本人はすべて去った千島列島は完全にソ連の一地方に変貌していた。日本はサンフランシスコ平和条約で南樺太と千島列島を放棄したが、どの国に対して放棄したのかは明記されず、またクリル列島の範囲も示されなかった。日本代表の吉田茂は平和条約受諾演説でソ連に反論し、シコタンとハボマイは北海道の一部であること、「千島南部の二島、択捉、国後両島が日本領であることについては、帝政ロシアもなんらの異議を挿《はさ》まなかった」と主張した。吉田はさらに「得撫《ウルップ》以北の北千島諸島と樺太南部は、（開国）当時日露両国人の混住の地でありました」と述べているが、これは誤りだ。日ロが混住していたのは樺太だけで、北千島に住んでいたのは先住民とわずかなロシア人で、日本人はいなかった。結局ソ連はこの平和条約に調印しなかった。そして日ソ間に残された領土問題は、今日なお日ロ関係の最大の障害になっている。

クリルの植民者と北方特典

領土問題の迷路に踏み込むのは避けて、千島をクリルと呼ぶ新しい島民に目を向けてみよう。新島民が登場したのは戦後だが、かれらの社会形成がどのように進んだのか不明な点が多い。ソ連時代のクリルは国際社会から隔絶されていただけでなく、ソ連国民にとっても立ち入り制限のある軍事的な重要地域だった。

戦後はじめてクリル住民になったのは、主として退役兵と黒海やヴォルガ川沿岸地域から集められた漁業者だった。シュムシュの上陸作戦やクリル占領に加わった兵士たちの中には、退役後に島に残留した者もいる。短期間に大量の入植者がクリルに現れた理由は、まず戦後の荒廃と飢餓にあった。独ソ戦によるソ連の人的、物的損害は膨大で、特にドイツ軍から壊滅的打撃を受けた西部地域には家族も財産も失って新天地を求める人たちがいた。一九四六年春から南千島に入植してきたのは、麻袋一つに全財産を詰め込んで移動し、夜はその袋を空にして藁《わら》や草を詰めてマット代わりにして休み、洗面も食事も水を汲むにも一つの同じカップで済ませる難民のようなソ連人だった。日本人島民は、こんな連中に日本は負けたのかと悔しく、情けない思いをしたという。

めぼしい官舎や住居から日本人を追い出してソ連将校らが住み着いたところに、さらに民間人が入ってきて島は窮屈になった。家を没収された日本人は倉庫を改造して住んだり、知人の家に身を寄せたりした。クナシリ、シコタン、ハボマイでは脱出した島民の家にソ連人が入り込んで暮らすこともできたが、ほぼ全島民が残留していたエトロフでは同じ家を仕切って日本人とロシア人の二家族が同居というケースもあった。

クリルに人々を誘ったもう一つの動機は、「スターリンの特典」とも呼ばれた「北方特典」で、条件の厳しい極北地方で働く人々のために一九四五年八月に定められたものだ。半年毎に給与総額の十％をボーナスとして支給、規定の休暇一カ月に加えられる特別休暇とその旅費の支給、住宅の保証、極北地での一年の労働は二年分として加算される老齢年金とその受給資格の引き下げなどで、サハリン・クリルへの移住者には極北地方と同様の特典に加えて、移住する世帯の荷物輸送費の保証、一時手当ての支給、農耕地の供与、免税措置、個人住宅のためのローンなどが約束された。ハバロフスク地方の一般的な給与体系に比べてサハリンでは一・五倍、クリルでは二倍の給与が支払われた。一九四六年秋までに南サハリン州には約七万人の移住者が集まった。

クリルのソ連人社会は、日本人が築いたインフラと産業施設を基礎にしてスタートした。入植者たちは日本人の居住地に入り、ときには日本人に漁法や魚の加工、畑の作り方などを教わりながら島の生活に慣れていった。日本人が去った後に急激に落ちた生産性は、新たな入植者によって回復していった。クリルの北方特典制度はソ連時代を通して維持され、ソ連崩壊後のロシアでも続いている。

クリルで戦後初めて実施された一九五九年の国勢調査によると、列島の総人口は二万千七百三十九人で、すでに戦前の日本人人口を超えていた。北クリル地区（シュムシュとパラムシル）に約一万人強、クリル地区（エトロフ）に約五千五百人、南クリル地区にも約五千五百人が居住していた。南クリル地区はクナシリ、シコタン、ハボマイで、ハボマイ群島のうち入植者がいたのはゼリョーヌィ（志発《シボツ》島）だけだった。当時はカムチャツカに近い北クリルの人口が多く、エトロフ以南の人口と拮抗していた。様々な優遇措置があったとはいえ、ユーラシア大陸出身のソ連市民にとって太平洋に面した最果ての島々の生活はたやすいものではなかった。

噴火、地震、津波

千島列島には活火山が十六座あり、過去三百年に二十八回の大規模な噴火が起きている。古くは一七七八年にライコケ島で起きた噴火でロシア人の狩猟家十五人が死亡したほか、アイヌの集落が壊滅的な被害を受けたこともある。一九三三年にはハルムコタン島の日本人に犠牲者が出ており、一九七三年にはクナシリのチャチャ岳の噴火でロシア国境警備隊の施設が倒壊した。現在もパラムシル、エトロフ、クナシリの噴火危険地帯にロシア人居住者がいる。

千島海域には約百の海底火山があり、地震と津波も多い。一九五二年十一月にカムチャツカ半島先端付近の沖合で起きたマグニチュード八・三の大地震は、半島南端と北千島に甚大な被害をもたらした。この地震による津波は所によって二十メートルを超えていた。

十一月五日、パラムシル島セヴェロクリリスクの住民は大きな揺れで目を覚ました。建物や屋内の被害を確認していた午前五時ごろ、戸外にいた住民は轟音を立てて海から津波が押し寄せるのに気づいて初めて高台に逃げ出した。軍人や警官は空に向けて銃を撃って危険を知らせ、すでに屋内に戻っていた人たちは寝巻きのまま裸足で子どもを抱いて逃げた。近接しているシュムシュ島とパラムシル島の間の細い海峡から押し寄せた津波は、水産工場も家屋もなぎ倒して多くの住民を呑み込んだ。波が去ると、避難した住民は丘を降りて自宅を見たり、肉親を探したりした。そこに第一波を上回る十〜十五メートルの高さの第二波が、さらに大きな音を立てながら襲ってきて残っていた建造物もすべて流された。第二波が来たのは第一波が去った約二十分後で、犠牲者の数は第一波よりも多かったと言われる。シュムシュとの海峡には流された家や瓦礫《がれき》がひしめき、屋根などにつかまって漂流していた百九十二人が救助された。

第二波が去った後に一部の住民と軍人が泥棒を働き、丘の斜面の被災していない家が荒らされ、津波で流された財産が奪われた。流出した酒類を飲んで酩酊《めいてい》した軍人たちが略奪にはしり、漁業コンビナートの金庫は船員たちによって壊され大金が持ち逃げされた。

この津波でセヴェロクリリスクの住民約六千人のうち千二百人が死亡し、水産、軍事などの主な施設すべてと住宅の七割が失われた。パラムシルとシュムシュの沿岸にあるその他の集落も壊滅的被害を受けた。犠牲者の総数は二千三百三十一人で、そのうち百九十八人が軍人とその家族だった。

この地震により北海道南岸、三陸沿岸にも高さ一〜三メートルの津波が到達したが、北千島の被災については、当時は海外はもちろんソ連国内でも報道されなかった。それから四十三年後の一九九四年十月にマグニチュード八・二を記録した北海道東方沖地震が起きて、釧路一帯に被害が出たほか、エトロフでは死亡者と行方不明者が合わせて十一人にのぼった。クナシリ沿岸部の居住地は高台移転していたために無事だったが、当時のテレシコ南クリル地区議長は、「ツナミがどういうものか島民はまったく知らなかった」と後になって話していた。危険地帯に住んでいながら、クリル住民には地震や津波の情報がまったく与えられていなかったのだ。

ハボマイ群島の無人化

クリル島民を苦しめたのは天災だけではない。広大な国家の最東端に位置する国境地帯としてのサハリン州には、常に中央の視線が向けられ、権力の上層部から特別の指令が届くこともあった。ソ連のほかの地域と同様に、サハリン州の実質的権力を握っていたのは議会や行政府ではなくソ連共産党だ。サハリン州の事実上の指導者は党の州委員会第一書記で、党中央の指導のもとに強大な権力を振るった。

冷戦下のクリルは緊張していた。一九五二年十月、一九五四年十一月の二回にわたってハボマイ群島の上空で米軍機がソ連機に撃墜されるという事件が起こっている。一九五三年十月には連合国軍総司令部ＧＨＱ内部の諜報機関によってクナシリ島に送り込まれた日本人二人が、ソ連軍の飛行場の情報を集めようとしてソ連側に発見され、一人が射殺された。

一九五五年六月に日本とソ連は平和条約締結交渉を始めるが、対立する米ソの思惑もあり交渉は難航した。日ソ漁業交渉も長引く中で、ソ連当局は南千島水域に入ってくる日本漁船を片端から拿捕《だほ》して日本に圧力をかけた。領土問題で合意できなかった日本とソ連は平和条約締結には至らず、一九五六年十月の日ソ共同宣言で国交を回復する。その共同宣言には、日ソ平和条約締結後にソ連が「歯舞群島及び色丹島を日本国に引き渡す」と明記された。ソ連当局は入植者を離島させてハボマイとシコタンを日本へ引き渡す準備を始めた。

ハボマイ群島で入植者がいるのは群島最大の島ゼリョーヌィ（シボツ島）のみだった。一九五七年六月に南クリル地区ソビエト（議会）がゼリョーヌィ村ソビエトの解散を決定すると、島にあるカニの加工・缶詰工場は閉鎖になり、千人弱の従業員が離島して国境警備隊だけが家族とともに残留した。同年十月にはサハリン州ソビエトがマロクリリスコエ村ソビエトの解散を決定し、シコタンの水産工場が閉鎖されて軍人だけが残った。こうしてゼリョーヌィとシコタンの民間人合わせて二千人以上が退去した。かれらの一部はクナシリのゴロヴニノに移住したというが、他の人たちがどこへ移ったかは不明だ。住宅事情の悪いクリルに二千人も受け入れる余裕はなかったはずで、サハリンや大陸に去ったと思われる。

当時の最高指導者フルシチョフの回想録によると、かれが日本に二島を譲る提案をしたのは、ハボマイ、シコタンは「漁民と軍人しか利用していない空島」で防衛的にも経済的にも価値のないものだが、これらと引き換えに日本国民からかちとる友好関係はきわめて大きいと考えたからだという。フルシチョフは南クリルの実態に無知で、当時のハボマイ・シコタンに二千人も民間人が住んでいたことを知らなかったのだろう。

一九六〇年一月に日米新安保条約が調印されると、反発したソ連は日ソ共同宣言で約束した二島引き渡しに、「日本領土からの全外国軍の撤退」という新たな条件をつけた。怒った日本は強硬に四島返還を要求するようになり、日ソ両国は決裂する。一九六〇年三月にソ連当局は、シコタン島の二カ所に水産加工工場を建設して約千五百人の労働者を移住させること、行政組織を再開させることを決めた。無人化していたシコタンに一九六〇年春から水産工場の建設とともに人が戻り始めたことは、島を訪れた日本人も確認している。理由はわからないがゼリョーヌィ島に人は戻らず、ハボマイ群島は今も若干の国境警備隊が駐屯するだけの無人島だ。

スターリンの死後にソ連共産党中央委員会第一書記に就任してソ連の最高権力者となったフルシチョフは、一九五四年十月にサハリンとクリルを訪問して、北方特典がサハリン州の発展にとって有害だと主張し始めた。給与の増額や長期休暇は出稼ぎ者を増やしても定住促進には結びつかないというのだ。クリルは対象からはずされたが、一九五六年に特典の一部が廃止された。一九五九年十二月の第二十一回ソ連共産党大会で北方特典への攻撃は強まり、交通も産業も発展したロシア極東はかつてのような辺境ではなく、人材養成は地元で行うべきで移住者への特典は不要という論が展開された。一九六〇年にクリルを含めて特典は大幅に削られた。

北方特典の水準が引き下げられた一九五〇年代後半からサハリン州の人口流出が始まり、一九五九年に六十四万九千四百人に達していた人口は一九七〇年に六十一万五千七百人になった。中でもクリルの人口減少は極端で、約三割減少して一万五千人になった。特典がなくなって辺境に住む動機も失われたということだろう。残留者の間では気候の厳しい北部から比較的温暖で暮らしやすい南部への移動が進み、南クリル地区に約七千人、クリルおよび北クリル地区にそれぞれ四千人が暮らすようになった。島の沿岸部に点在していた日本の漁村に入植したソ連人は次第に撤退してゆくが、これは特典がなくなったためではなく、自然環境や災害、乱獲にともなう禁漁区の指定で漁業コルホーズや加工工場が閉鎖になったからだ。地区行政府の置かれた三村とシコタンの二村の合わせて五カ所が主な居住地として残った。

サハリン州の労働人口減少と生産低下をもたらした政策は、フルシチョフ失脚後に修正され、一九六七年から再び北方特典は復活してゆく。

「一過性」の島々

北方特典の復活によって一九七〇年代に移住者が増えると、サハリン州は安定を取り戻した。ソ連で広く読まれていた総合雑誌『新時代』は、一九七五年十一月にクリルの特集記事を掲載した。それによると、シコタンの漁業コンビナートはロシア極東屈指の水産加工場を持ち、サンマの加工やサバ、イカ、カレイの缶詰製造に携わり、缶詰の年間生産量は四千万個を超えている。コンビナートには千五百人の従業員がいるが、夏の漁期にはさらに三千五百人の季節労働者が来島する。農業、牧畜、観光も盛んで、クナシリの温泉に病気治療に訪れる外国人もいる。津波にたいする警報システムは万全で、クリルの自然と天然資源を守るために保護区が設定され、絶滅寸前だったラッコも増えている。いまやクリルの生活はソ連のほかの地域と何ら違いはない。ちなみにラッコを絶滅に追いやったのは、ぼろもうけを狙った日本の狩猟家とされている（！）。

かなり眉唾のように聞こえるが、手厚い国の支援でクリルに定住者が増え、軍事基地と水産基地として安定的に発展したのは確かだろう。一九七〇年以降のクリルの人口は約二十年間で倍増し、一九八九年には二万九千五百人に達した。およその分布は南クリル地区（クナシリ・シコタン）一万三千五百人、クリル地区（エトロフ）一万五百人、北クリル地区（パラムシル）五千五百人だ。この数字に軍隊と国境警備隊、季節労働者の数は含まれていない。

クリルの人口の五十二％は男性で、第二次世界大戦で膨大な戦死者を出したソ連の中では女性よりも男性が多い例外的な地域の一つになった。年齢層を見ると、就労年齢層（男性十六～五十九歳、女性十六～五十四歳）が六十七％で、高齢者は三％にも満たない。これは年金受給者の多くが離島する一方で、若い移住者が流入してくるからだ。当然、全国平均に比べて出生率は高く、死亡率は低かった。

就労年齢にあたる比較的若い世代をクリルに送り込んでいたのは、ソ連各地にある労働力募集局で、人口の少ない僻地や大規模な建設事業など人手を必要とする地域や職場のために国内各地で労働者を募集していた。このような労働力配分システムは、クリルの定住者や労働人口を確保する一方で、クリル社会に「一過性」（ヴレーメンノスチ）と表現される際立った特徴を与えた。一過性とは、島民の生活も島の経済も暫時的であり一時的でしかなく、本来の社会形成や経済発展が進まないことを意味する。

クリル島民は高い給与に惹かれて渡島し、場合によっては数十年を過ごす。その間は毎年長期休暇で大陸の故郷に戻り、二、三年に一度は家族で希望するところへ往復旅費を支給されて休暇に出かけたり、数カ月を保養地で過ごしたりできる。ソ連の年金受給年齢は女性五十五歳、男性六十歳だが、クリルでは女性五十歳、男性五十五歳に引き下げられ、加工業を含む漁業従事者の場合はさらに引き下げられる場合もある。クリルで働けばかなりの貯蓄ができ、基本賃金を基にして算定される老齢年金は全国平均をはるかに上回る額になった。年金受給年齢になると故郷やその他の気に入った土地へ行き、住宅や車を手に入れて潤沢な年金で豊かに暮らすのが一般的なクリル住民の老後だ。

漁業だけに特化した島の経済構造も一過性に拍車をかけた。群来を迎えると大量の季節労働者がクリルに滞在するが、漁期が終われば去ってゆく。漁獲やクリルの工場で加工される缶詰などはすべて移出され、利益がクリルに還元されることはない。船・漁具・水産設備・建築資材はもちろん、食料品や日用品もすべてウラジオストクなど島外からの移入に頼っている。農業、建設業など漁業以外の産業の立ち遅れは著しく、インフラ整備やサービス業は劣悪なままだ。クリル住民は永住するわけではないので、島の状況を改善して発展させようという意識が育たない。

長期の出稼ぎ地のような側面を持っていたクリルだが、その住民たちに愛国心が欠けていたわけではない。一九六一年以降のソ連は「日ソ間の領土問題は解決済みで存在しない」という立場をとり、日本の領土要求を報復主義として繰り返し非難していた。南クリルの地元紙にも日本の不当な領土要求を批判する記事が載り、島民たちはクリル防衛の「防人《さきもり》」の役割を期待されていた。一九八一年に日本で二月七日が「北方領土の日」に制定されると、日本時代の建物や日本人墓地の打ち壊しのようなことが起こったという。また、一九七〇年代に軍人たちが墓地を荒らしたとの話もあり、実際に日本の墓石が住宅の礎石に使われたりしている。

このような南クリル住民の特異な社会は、一九八〇年代後半から大きく狂わされてゆく。

クリルにとっての体制転換

ゴルバチョフ登場に始まるソ連の劇的な変化については、詳しく述べる必要はないだろう。ペレストロイカ（建て直し）、グラスノスチ（情報公開）、新思考外交、冷戦終結、市場経済への移行、民族問題の顕在化、そしてソ連邦崩壊と新生ロシアの国家形成などのプロセスは世界中の注目を浴びた。体制転換の荒波は、最果てのクリルの島々に津波のような勢いで到達した。

それまでの計画経済による生産と供給の安定したシステムが否定され、企業に独立採算が求められるようになると、すべてを国家補助に頼ってきたクリルは大きな打撃を受け、ソ連邦崩壊直後の一九九二年一月に実施された価格自由化は島の生活を破綻させた。生活物資も工業製品もロシア極東などから船で搬送されていたため、輸送費の値上がりによってクリルの物価は高騰し、経済を支えてきた水産コンビナートの製品は価格競争力を失った。原料を加工する設備・機器はもちろん、容器のビンやカン、梱包用のダンボールまで島外から取り寄せていたからだ。燃料費の値上がりもあり、水産コンビナートは一部操業停止、給料の遅配に追い込まれた。年率二千％を超えるインフレで苦しい生活を余儀なくされる島民に、もう一つの深刻な問題が浮上した。日ソ領土問題だ。

ゴルバチョフ大統領は領土問題の存在を認めて日本との交渉のテーブルに戻り、一九九一年四月に訪日して帰属の問題を解決すべき四島名を明記した日ソ共同声明に署名した。同年九月にはクナーゼ・ロシア共和国外務次官がエトロフ、クナシリ、シコタンを訪問して各島の島民集会に出席し、一九五六年の日ソ共同宣言にしたがってシコタン・ハボマイを日本に引き渡す可能性もあると明言する。

新生ロシアのエリツィン大統領も領土問題の解決に意欲を見せ、一九九二年八月には有力紙の『イズヴェスチヤ』に具体的な返還プロセスを説明する記事が掲載された。それによると、まず一九五六年の日ソ共同宣言にもとづいてハボマイ・シコタンを引き渡す手続きを策定する。約五千人のロシア人島民がいるシコタンについては、撤退する企業や離島を希望する島民を日本側が補償し、残留を希望する島民の法的地位や非軍事化、漁場、漁獲量など様々な問題は両国で検討する。次にクナシリ・エトロフの法的地位について交渉し、平和条約を締結、その後ハボマイ・シコタンを日本に引き渡す。両国が合意できない場合には、ハーグ国際司法裁判所に付託することになる。南クリル地区の新聞「ナルベジェ」(国境にて）には、ロシア外務省筋の話として二島返還の時期まで載った。それはエリツィン大統領が一九五六年宣言を確認する必要書類に署名してから三～五年後で、七年に延びる可能性もあるという。引き渡しが公式に宣言されると、シコタンに日本の監視団が現れて必要な立法措置をとる。希望者は日本語を学ぶこともでき、子どもたちは休暇に日本に行くこともできる。これらの記事は、実際に日ソ／日ロ交渉を担当したクナーゼのインタビューに基づいていたことが、二〇一二年十二月の北海道新聞による取材で明らかになった。

「日本の一部の軍国主義者による不当な領土要求」は、一転して真剣に検討されるべき外交課題として南クリル島民に提示された。特に、日本への引き渡しが確実とされたシコタン島民は動揺した。夜には北海道の海岸沿いの道路を走る車のヘッドライトが見えるクナシリに住んでいても、ロシア人島民は実際の日本について何も知らなかった。北海道と南クリルは中間ラインで遮断され、通過できるのは日本人元島民の墓参団と密漁者くらいだった。その事実上の「国境」が、一九九一年から部分的に開かれた。日ソ関係の改善と領土問題解決の環境整備として、まず根室の港がロシア船を受け入れるようになり、翌年には住民間の相互理解を図るために「ビザなし交流」が始まった。

一九九二年四月、南クリル住民の代表団を乗せた船が初めて根室に入港した。拳を振り上げて「島を返せ」と絶叫する大勢の日本人が岸壁にいないかと心配した者もいたが、ロシア人島民は大切な客人として暖かく迎えられた。根室や札幌など北海道の町をめぐった南クリル住民は、日本の清潔な町、整備された道路と交通網、豊富な物資、質の高いサービス、盛大に歓迎してくれる几帳面で礼儀正しい日本人に少なからぬショックを受けた。「日本については、ただただうらやましく思うばかり」「経済発展を遂げた国、まったくすばらしい国としか言いようがない」など絶賛の声があがった。

海産物を運んでくるロシア船とビザなし交流の船は定期的に根室に入港するようになり、戦後初めて南千島と北海道の交流が再開した。根室に上陸するロシア人の大量の買い物とロシア船が水揚げするカニやウニなどの海産物は、根室経済を一時的に活性化させるほどだった。南クリル島民は大陸から供給されなくなったものをすべて根室で調達した。食料品、雑貨、家電製品から中古車まで船に積んで島に帰った。一九九〇年代前半の一時期、南クリルの生活は日本からの物資で成り立っていたと言われる。

南クリルを訪れる日本の代表団もロシア人と同様に、ただし対極的な意味でのショックを受けた。それは日本のどんな辺鄙《へんぴ》な離島でも今では見ることのない光景だった。廃船が放置された湾、腐りかけた木の桟橋、信号機のない未舗装の悪路、廃棄物を海に垂れ流す水産工場、空き地で燃やされるゴミの山、医療機器も医薬品も不足した病院、倒壊しそうな木造住宅などは、日本に南クリルへの人道援助を決断させた。ロシア人島民がどのような態度をとるか心配していたのは日本人も同様だったが、代表団は暖かく歓迎された。北方領土返還要求大会で「島を返せ」とシュプレヒコールを繰り返してきた日本人も、花と歌で歓迎してくれる子どもたち、どんなに生活が苦しいか島の実情を開けっぴろげに訴えるロシア人島民を前に戸惑った。

約五十人の日本の代表団の中には必ず数名の高齢者グループがいる。リュックを背負って下船の二時間前から甲板で待ち、島を元気に歩き回り、墓地で涙する人たち、日本人元島民だ。敗戦時に船で島から脱出したか、オホーツク海と日本海を越えて真岡、函館経由で引き揚げてきた人たちは半世紀ぶりに故郷の南千島に上陸した。時計の針を戻して日本人元島民の戦後をたどってみよう。

日本人元島民の戦後

ソ連軍侵攻後に島民が逃げた先の根室は、敗戦間近の一九四五年七月に米軍の空襲で町の七割が焼失していた。火薬原料に使うヨード製造工場があり、千島への糧秣基地であったために爆撃されたらしく、町民約一万五千人のうち一万人以上が被災した。受け入れ先を失った島民は、崩れかけた兵舎、倉庫、番屋、牛舎などに住み着いて、食べるものにも困る生活を始めた。一九四七〜四八年にはさらに島を追われた残留島民も加わり、結局、南千島の約三千世帯のうちの六割が根室管内に引き揚げて居住した。

いずれ南千島に戻って漁業を再開できると期待していた島民だったが、見通しは立たず、漁場は奪われたままだった。生活のために危険を承知で中間ラインを越えて操業し、ソ連に拿捕される島民も多かった。残された家族がさらに困窮するという事態を見かねた日本政府は、拿捕された漁船の損害に保険金を支払う、いわゆる拿捕保険を一九五二年に制定した。戦後の拿捕者の数は現在九千人を超えている。

根室では終戦直後から町長を中心に南千島の復帰を求める運動が起こるが、日々の生活に追われる島民たちに活動に加わるような余裕はなかった。根室水晶会、勇留島和合会、択捉島民の会、留夜別《ルヤベツ》会が発足し、島の復帰や漁業権の補償を求めて会員相互の支援や親睦をはかるようになったのは一九五〇年代になってからだ。日ソ交渉が始まった一九五五年には元島民、入会漁業権者、出稼ぎ漁民など個別の団体を組織化した「千島歯舞諸島居住者連盟」が発足した。名称が「千島歯舞」となっているのは、明治期からハボマイ群島は根室半島にある歯舞村に属しており、元島民は千島と区別していたからだ。また「引揚者」でなく「居住者」が使われたのは、「引揚者」が持つあまりに惨めで貧乏なイメージを嫌ってのことだったという。同連盟はさらに他の元島民団体と統合して、一九五八年に全国唯一の元島民団体であることを条件に内閣総理大臣認可の社団法人になり、現在なお領土返還運動と元島民の援護対策の推進母体として活動している。

南千島の各島は水産拠点の根室と放射状に繋がっていたため、島々の間の交流は薄かった。そこで島民の生活も安定してきた一九六〇年代から一九七〇年代には出身村落ごとに知人や友人が集まって島を懐かしみ、離島後の情報交換をするようになり、二十七の島民会が結成された。二十七番目の薬取《シベトリ》会の設立は一九九一年だ。数十人から成る島民会が親睦をはかる集まりであったのに対し、千島歯舞諸島居住者連盟は元島民の公的団体として北方領土返還運動の象徴的存在になってゆく。連盟は南千島だけでなく全千島の居住者を代表するものだが、実際には南千島の島民しか加盟していない。では北千島の日本人はどうなったのだろうか。

一九六三年に北海道庁は、終戦まで引き続き六カ月を超えて北千島に生活の本拠を有したことのある者を対象に「北千島元居住者生活実態調査」を行った。総数は八十二世帯百九人、全世帯が北千島では漁業兼農業で生計を立てていた。大半は終戦直後に漁業会社の船や軍用船で脱出しているが、残留して南千島住民とともに樺太経由で引き揚げてきた人もいる。北海道庁が調査時に把握できたのは八十二世帯のうちの五十四世帯で、引き揚げ後も漁業、農業など第一次産業に従事している世帯が全体の六割、また全体の四割は年間収入三十万円未満の低所得階層だ。老齢のため「すぐには帰らない」と回答した二世帯を除いて、全世帯が北千島への帰島を希望している。

調査が示す元北千島居住者の出身地は、青森が五十一人、次いで千葉県が二十八人で、北海道は十二人しかいない。気候の厳しい北の出稼ぎ島になぜかれらが帰りたがっていたのか、その理由は調査書に書かれていない。帰島の望みがかなわなかった彼らのその後の運命も、根室付近に居を構えた報效義会の末裔《まつえい》の別所家を除いて不明だ。

一九六四年から南千島の元島民には人道的見地から墓参が認められるようになったが、島での行動は墓地近辺だけに制限された。それもソ連側がビザの取得を要求したために、一九七四年から一九八五年までの十年間は中止された。一九九二年に始まったビザなし交流の訪問先はロシア人が居住しているシコタン、クナシリ、エトロフの三島だけで、団体行動の制約も多く、元島民が島に上陸しても自宅があった場所には行けないこともあった。「自由訪問」の枠組みができ、ハボマイ群島を含めて元島民だけの訪問が可能になったのは一九九九年からだ。

南クリル島民のジレンマ

再度ロシア人島民の話に戻ろう。南クリルに人道援助を申し出て、山のようなお土産を手にビザなし交流で島を訪れる日本人にロシア人島民は好感をもったが、双方の主張は平行線をたどった。日本との経済交流によって危機的な島の状況を立て直すことを望むロシア人島民は、クナシリやシコタンに海産物加工の日ロ合弁企業を設立しよう、領土問題は両国政府に任せて市民同士で経済交流を始めようと提案した。それに対し日本側は領土問題の解決が最優先で、ロシア人島民には自国の大統領に早期解決を働きかけてほしいと繰り返した。

島の日本への引き渡しを容認するか否か、島民の気持ちは揺れた。一九九三年四月にシコタン島マロクリリスコエ村で実施された住民投票では、投票者の八割にあたる九百十六人がシコタン、ハボマイの日本への引き渡しを明記した日ソ共同宣言を支持した。その後も様々なアンケート調査が行われたが、シコタンでは条件付きで四島返還に賛成する人が六、七割で、その数はクナシリ、エトロフの順に少なくなりエトロフでは七、八割が返還反対というのが大まかな傾向だった。

ソ連邦解体後の混乱の中で北方特典の恩恵は薄れ、島の帰属の問題が生じて不安が高まる中で、さらに島民の生活に追い打ちをかけたのが一九九四年十月の北海道東方沖地震だ。エトロフの倒壊した病院で死者が出たほか、通信・交通が数日間断たれ、発電所の被害で停電が続いた。ロシア政府は異例の速さで被災者への補償金を提示し、大陸への移住希望者には住宅や就職の斡旋《あっせん》まで約束したので、これを契機に多くの南クリル島民が離島した。

一九九四年にロシア政府は「クリル諸島社会経済発展連邦プログラム」を発表したが、予算措置がとれず、地震復旧作業の負担もあって一向に計画は進まなかった。日ロ領土交渉は続いたが、南クリルの帰属の問題は宙に浮いたまま結論が出ない。二〇〇〇年以降は鈴木宗男衆議院議員（当時）のイニシアチヴで、日本の建設会社が南クリルに倉庫、宿泊施設、ディーゼル発電などを建設して経済交流への期待も持たれたが、同議員が二〇〇二年に失脚するとこの事業も終わった。

一九八九年に二万九千五百人だったクリルの人口は、一九九〇年から減少を続けて二〇〇二年に二万人を切った。十二年間で人口の三分の一が離島するという「一過性」の島々らしい極端な人口流出だ。人口の微減は続き、二〇〇七年にはクリル住民の五十五％が地区行政府のあるセヴェロクリリスク、クリリスク、ユジノクリリスクの三町に集中して、その他にある十六村のうちの四村が無人化した。二〇一〇年のクリルの総人口は一万八千七百三十五人になり、人口減少はクリルだけでなくサハリン、そしてロシア極東にも共通する深刻な問題になっている。

おわりに

過去三百年間に千島列島に形成された先住民・日本人・ロシア人共同体の盛衰を急ぎ足でたどってみた。島民たちのその後を見てみよう。

先住民が千島列島から姿を消したことはすでに述べたが、シコタン島には今も「クリル人墓地」が残っている。そこには「神僕ストロゾフィヤコフ酋長墓」はじめロシア正教の洗礼名が刻まれた墓石がいくつかあり、千島アイヌが日本に同化しながらも最後まで信仰を失わなかったことを示している。純粋な千島アイヌと呼べる最後の一人は、一九七二年に根室の病院で亡くなっている。一八九四年にシコタンで生まれたその女性は、ソ連軍侵攻後に船で北海道に脱出し、北海道中標津町のハリストス正教会に身を寄せていたこともあった。無口な人で北千島や民族の話になると特に口が重くなり、親しい人たちも千島アイヌの過去について何一つ伝え聞くことはできなかったという。

北千島からカムチャツカを経由して一八八二年にコマンドル諸島へ移住したアレウトたちのその後はわからないが、二〇一〇年のコマンドル諸島（カムチャツカ地方アレウト地区）の人口はアレウトとロシア人合わせて六百七十六人に過ぎない。もともとアレウトはアラスカ半島西部やアリューシャン列島で北方の海洋環境に高度に適応して生活していたが、海獣猟に優れていたために露米会社によって北千島だけでなく、プリビロフ諸島やコマンドル諸島にも移住させられて働かされた。ロシアがアラスカとアリューシャン列島を米国に売却した後は、米国政府の管理化でオットセイ猟に従事させられた。また第二次世界大戦中に日本軍は、アッツ島のアレウト四十二人を小樽に強制収容している。

北千島にわずかながら居住していたカムチャダールは、千島アイヌに吸収されたのか、カムチャツカに帰還したのか消息はわからない。かれらは十八世紀以前まではカムチャツカ半島全域に住んでいた先住民イテリメンで、北部ではコリヤーク、南部では千島アイヌに同化し、後にはコサックやロシア人と混血した者がカムチャダールと呼ばれるようになる。二〇〇二年にイテリメン三千二百人、カムチャダール二千三百人が主にカムチャツカ半島に住んでいたが、どちらもロシアの強い影響下でアイデンティティの保持は難しくなっている。

千島の先住民がアイヌ民族全体の祖先にあたるとして、千島の先住権や領有権を主張する動きがある。北海道アイヌ協会（旧「北海道ウタリ協会」）が二〇〇二年に「北方領土」の先住権を主張する方針を決めたほか、二〇〇九年には「千島・道東アイヌ協会」が発足して北方領土問題に取り組む姿勢を示している。

先住民に代わって千島の住人になった日本人島民の寿命は、戦後七十年を経て今や尽きようとしている。終戦時に約一万七千人いた南千島居住者の六割以上が他界し、二〇一六年三月三十一日現在の生存者は六千三百十二人、平均年齢は八十一・三歳だ。二〇〇〇年以降は千島歯舞諸島居住者連盟に所属する元島民たちが活動の限界を感じ始め、戦後の財産権不行使や精神的苦痛に対する補償を日本政府に求める声も上がっている。北部・中部千島の元島民の存命者も残り少なくなっていると推測される。

居住者ではないが、敗戦時に千島列島に駐屯していた日本軍将兵たちの運命も過酷だった。シュムシュ島の日ソ戦で多数の戦死者が出たこと、約五万人の捕虜の多くがシベリアに送られたことは先述のとおりだ。シベリア抑留者の総数は六十万人にのぼり、大半は三～四年、戦犯容疑者は十一年にわたりソ連各地で強制労働に従事させられ、その間に約六万人が飢えと寒さと過労で死亡した。抑留者に対する補償問題は長年解決されず、二〇一〇年にようやく「戦後強制抑留者に係る問題に関する特別措置法」が成立した。

千島の過去の住民とは対照的に、にわかに活況を呈しているのが現在の南クリルだ。計画通りに進まなかった「クリル諸島社会経済発展計画」が新たな連邦特別プロジェクトとして二〇〇七年から二〇一五年まで設定され、本格的な投資が行われた。エトロフ、クナシリ、シコタンでは舗装道路の整備が進み、飛行場、港、病院、消防署、学校、幼稚園、住宅などが次々と建設された。この国家プロジェクトは、さらに二〇一六年から二〇二五年まで設定され、引き続きクリル諸島の大規模な基盤整備が予定されている。また、観光開発にも力を入れるという。ただし、日本との領土問題を意識してか、ロシア政府が重視するのは南クリルだけで、北クリルに対するクリル発展計画の事業費配分はわずかだ。現在、北クリルで人が住んでいるのはパラムシル島のセヴェロクリリスクだけで、人口は約二千五百人だ。高額給与などの特典にひかれた出稼ぎ労働者が多く、中央政府から放置された町は荒廃しているという。

以上三つの共同体のどれにも属さないが、千島列島と深くかかわってきた密猟・密漁者たちの一団を忘れてはならないだろう。かれらは国際的なチーム編成で合理的に働き、日ロともに十分に管理できなかった北・中部千島のラッコ猟などで利益をあげた。冷戦期の南千島海域では、ソ連の国境警備隊に賄賂や情報を渡して操業させてもらう「レポ船」、高速艇でソ連船の追跡をかわす「特攻船」が根室を拠点にして暗躍し、日ロ関係が改善してからは、正規の通関を経ずに日本で大量に水揚げするロシア船が現れた。

日本とロシアが南北から進入した後の千島は、常に両国の境界線に規定されてきた。国境線の画定と変更、両国が主張する互いに相容れない二重の国境線は、住民交替や強制移住を含めて様々な問題を引き起こし、千島における自然な人の営みを阻害してきた。北方の海に点在する島々での暮らしは、北はカムチャツカ半島と、南は北海道と結びついてこそ成り立つものだ。かつて北千島の報效義会の集落にロシア製品が流れ込んできたように、現在の南クリルにも建設機械から日用品にいたるまで日本製品が溢れている。

一九八〇年代後半に再開された日ソ／日ロ領土交渉は、四半世紀を過ぎた今も解決の目処が立たぬままだ。解決が長引く間に、千島列島がおかれた環境そのものにも変化が起きている。まず、排他的経済水域の設定によって、千島列島は二百カイリの水域を含めて検討すべき対象になった。これまで千島海域から合法、不法にどれだけの海獣、毛皮獣、魚類が持ち去られただろうか。ロシアは上質の毛皮を中央に送り続けて海獣を絶滅寸前にし、日本漁業は乱獲と資源の枯渇を繰り返してきた。適正な資源管理と千島の特異な自然界の保全は今後の重要課題だ。

次に、千島列島の地政学的意義が変化しつつあることにも注目しよう。地球温暖化によって北極海を大型船が航行できるようになり、既存の南回りよりも約四割も距離を短縮してアジアと欧州を結ぶ「北極海航路」が開通した。新航路の東端にあたるオホーツク海や千島列島は、ロシアはじめ各国の新たな経済戦略に組み込まれていくだろう。また、ロシアにとって千島列島はオホーツク海から太平洋への出口にあたり、エトロフ島には軍事基地がある。千島列島の安全保障は、ユーラシア大陸東岸と北太平洋全体の安全保障という大きな枠組みの中で確立されるものだ。

国境線がどこに引かれるにしても、ユーラシア大陸と日本を繋ぐ踏み石としての千島列島の姿や価値に変わりはない。そして千島の特異な環境に相応しい生活圏、文化圏、経済圏というものがある。過去の国境線は、そのような一体性を保つべき地域を分断して日ロが対峙する空間を生み出した。その緊張した地帯で何が起きたか、起きているかは見てきたとおりだ。日ロが抱える課題は、最終的な国境線を引くことだけではなく、その国境線を超克して千島に安定した空間を確立させることにもある。千島列島に新たな涙の島をつくらない領土問題の解決とは何か、日本とロシアの叡知が挑戦を受けている。

主要参考文献（本文中の引用はすべて以下の文献による）

●千島列島全般

高倉新一郎『千島概史』南方同胞援護会、一九六〇年。

村山七郎『クリル諸島の文献学的研究』三一書房、一九八七年。

Высоков, М.С. и др. История Сахалина и Курильских островов с древнейших времен до начала XXI столетия. Южно-Сахалинск, 2008.

Котляков, В.М. и др. (ред.) Атлас Курильских островов, Москва-Владивосток, 2009.

Stephan, John J. *The Kuril Islands, Russo-Japanese Frontier in the Pacific*, Clarendon Press, Oxford, 1974.

●千島の先住民

川上淳『近世後期の奥蝦夷地史と日露関係』北海道出版企画センター、二〇一一年。

川上淳「先史時代～19世紀の千島居住者と千島アイヌについて」『根室市博物館開設準備室紀要』第10号、一九九六年。

菊池勇夫『エトロフ島　つくられた国境』吉川弘文館、一九九九年。

菊池勇夫『北方史のなかの近世日本』校倉書房、一九九一年。

小坂洋右『流亡　日露に追われた北千島アイヌ』道新選書、一九九二年。

児玉作左衛門「アイヌの分布と人口」、アイヌ文化保存対策協議会編『アイヌ民族誌』上、第一法規出版、一九六九年。

ザヨンツ・マウゴジャータ『千島アイヌの軌跡』草風館、二〇〇九年。

H・J・スノー『千島列島黎明記』馬場脩・大久保義昭訳、講談社学術文庫、一九八〇年。

セルギー『ロシア人宣教師の「蝦夷旅行記」』佐藤靖彦訳、新読書社、一九九九年。

高倉新一郎「アイヌ政策史」、アイヌ文化保存対策協議会編『アイヌ民族誌』上、第一法規出版、一九六九年。

鳥居龍蔵「千島アイヌ」、朝日新聞社『鳥居龍三全集』第7巻、一九七五年。

ステン・ベルクマン『千島紀行』加納一郎訳、朝日文庫、一九九二年。

北海道庁『北千島調査報文（北海道庁参事官高岡真吉復命書）』一九〇一年。

北海道・東北史研究会編『メナシの世界』北海道出版企画センター、一九九六年。

根室市博物館開設準備室『郷土の歴史シリーズ1　クナシリ・メナシの戦い』根室歴史研究会、二〇〇五年。

◉千島の日本人とロシア人

阿部幹雄『北千島冒険紀行』山と渓谷社、一九九二年。

秋月俊幸「千島列島の領有と経営」『岩波講座近代日本と植民地』1、岩波書店、一九九二年。

井澗裕「占守島・1945年8月」『境界研究』No.2、二〇一一年。

NHK取材班『北方四島・千島列島紀行』NHK出版、一九九三年。

岸本葉子『禁じられた島へ』凱風社、一九九二年。

黒岩幸子「根室に見る北方領土問題――冷戦後のパラダイム転換を生きる街」、岩手県立大学『総合政策』第一巻1～2号、一九九九年。

S・ズナメンスキー『ロシア人の日本発見』秋月俊幸訳、北海道大学図書刊行会、一九七九年。

ボリス・スラヴィンスキー『千島占領　1945年　夏』加藤幸広訳、共同通信社、一九九三年。

高倉新一郎監修『根室市史』上下巻、北海道根室市、一九六八年。

千島歯舞諸島居住者連盟『元島民が語る　われらの北方四島』ソ連占領編・戦後編、一九八八年～。

千島歯舞諸島居住者連盟『元島民による北方領土返還運動のあゆみ』一九九七年。

ウラジーミル・トリーフォノフ「北方領土ルポ　これがクリール（千島）だ」（ソ連誌「ノーボエ・ブレーミヤ」46号より翻訳）『世界週報』一九七五年十二月二十三日。

別所二郎蔵『わが北千島記』講談社、一九七七年。

北海道総務部領土復帰北方漁業対策本部『北千島居住者生活実態調査書』一九六三年。
北海道総務部領土復帰北方漁業対策本部『千島調査書』一九五七年。
北海道付属島嶼復帰懇請委員会『択捉・国後・色丹・歯舞群島返還運動史　四島を返せ』根室市企画振興部領土対策係／北方領土問題対策協会刊、一九九七年。
根室市総務部国際交流課領土対策係『北方領土五十年史　四島を追われて　元島民の手記』、一九九六年。
Алексеев и др. Южные Курильские острова, Южно-Сахалинск, 1992.
Болховитинов, Н.Н.(отв. ред.), Российско-Американская компания и изучение Тихоокеанского севера, 1815-1841. Москва, Наука, 2005.
Бондаренко Олег, Неизвестные Курилы, Москва, 1992.
Lensen, G.A., *The Russian Push toward Japan, Russo-Japanese Relations, 1697-1875*. Princeton University Press, 1959.
Schecter, Jerrold L., Khrushchev Remembers. The Glasnost Tapes, Boston/Tronto/London Little, Brown and Company, 1990.

●北方領土問題

日本外務省『２０１２年版　われらの北方領土』二〇一三年。

日本外務省・ロシア連邦外務省『日露領土問題の歴史に関する共同作成資料集』一九九二年。

原貴美恵『サンフランシスコ平和条約の盲点』渓水社、二〇〇五年。

北海道根室市・北方領土問題対策協会『日本の領土　北方領土』二〇一二年。

本田良一『日ロ現場史　北方領土――終わらない戦後』北海道新聞社、二〇一三年。

※北方領土問題については、第一部『論点整理　北方領土問題』の参考文献を参照されたい。

本書は、ユーラシア・ブックレットシリーズ（企画編集 ユーラシア研究所・ブックレット編集委員会、発行 東洋書店）として発行された『論点整理　北方領土問題』（175号、2012年）『千島はだれのものか　先住民・日本人・ロシア人』（186号、2013年）を合本して再版するものです。再版にあたって、改訂した部分があります。

石郷岡　建（いしごおか　けん）

1947年東京生まれ。早稲田大学文学部中退。国立モスクワ大学物理学部天文学科卒業。74年毎日新聞社に入社。横浜支局、東京本社社会部を経て外信部へ。カイロ中東特派員、ハラレ（ジンバブエ）アフリカ特派員、ウィーン東欧特派員、モスクワ支局ソ連・ロシア特派員（２回の勤務）、専門編集委員（論説室兼務）。06年から13年まで日本大学総合科学研究所教授を務め、現在は麗澤大学非常勤講師。ジャーナリスト活動を継続中。

著書は『ソ連崩壊1991』（アジア太平洋賞、書苑新社）ほか、『ユーラシアの地政学』（岩波書店）、『ルポ・ロシア最前線』（三一書房）、『さまざまなアフリカ』（三一書房）など。

共著としては、『現場から見た新聞学』（学文社）、『日本経済論講義』（成文社）、『「対テロ戦争」と現代世界』（御茶の水書房）、『「イラク戦争」検証と展望』（岩波書店）、『大中華圏　その実像と虚像』（岩波書店）、『日朝交渉　課題と展望』（岩波書店）、『現代ロシアを知るための55章』（明石書店）、『アフリカの飢えの構図』（三一書房）、『東西軍事力』（築地書館）、『東欧・ソ連の明日を問う』（毎日新聞社）など。

黒岩　幸子（くろいわ　ゆきこ）

1957年、佐賀市生まれ。慶応義塾大学文学部哲学科卒、早稲田大学大学院文学部文学研究科修士課程修了。日本航空モスクワ支店、ロシア語通訳・翻訳業を経て1998年より岩手県立大学総合政策学部助手。同大学講師、准教授を経て現在は高等教育推進センター教授。1992～1998年に通訳者として北方領土ビザなし交流に毎年参加。共著に岩下明裕編著『日本の国境・いかにこの「呪縛」を解くか』（北海道大学出版会、2010年）。

北方領土の基礎知識

著　者……… 石郷岡　建
　　　　　　黒岩　幸子

2016年11月15日　初版第１刷発行

発行者……… 揖斐　憲
発　行……… 東洋書店新社
〒150-0043　東京都渋谷区道玄坂１丁目19番11号
寿道玄坂ビル４階
電話　03-6416-0170
FAX　03-3461-7141
発　売……… 垣内出版株式会社
〒158-0098　東京都世田谷区上用賀６丁目16番17号
電話　03-3428-7623
FAX　03-3428-7625
印刷・製本… 第一資料印刷株式会社
装丁………… 大坪佳正

乱丁・落丁本はお取り替えいたします。
定価はカバーに明記してあります。
ISBN978-4-7734-2022-7